NZZ Libro

WEIN?
KELLER!

---

101 Fragen
aus der Welt
der edlen Tropfen
beantwortet
von
Peter Keller

Illustriert
von
Philipp Luder

Verlag
Neue Zürcher Zeitung

Bibliografische Information der Deutschen Nationalbibliothek

Die Deutsche Nationalbibliothek verzeichnet diese Publikation
in der Deutschen Nationalbibliografie; detaillierte bibliografische Daten
sind im Internet über http://dnb.d-nb.de abrufbar.

Lektorat: Jens Stahlkopf, Berlin | www.lektoratum.com
Gestaltung Umschlag: unfolded, Zürich
Gestaltung, Satz: Gaby Michel, Hamburg
Druck, Einband: CPI, Clausen & Bosse, Leck

ISBN 978-3-03823-792-1

www.nzz-libro.ch
NZZ Libro ist ein Imprint der Neuen Zürcher Zeitung

INHALTSVERZEICHNIS

VORWORT

Peter Keller kenne ich seit vielen Jahren und verfolge seine Entwicklung vom engagierten Weinkonsumenten zum hoch professionellen Weinjournalisten mit Bewunderung. Herausragend dabei ist neben seiner Liebe zum Wein seine faire, kompetente Berichterstattung, die sich wohltuend vom PR-Geschrei mancher seiner Berufskollegen abhebt. Peter Keller geht es immer um eine objektive, fachlich einwandfreie Kommentierung der Weinszene, die teils bewusst auch Regionen und Weine abseits der ausgetretenen Pfade einschliesst.

Seit drei Jahren beantwortet Peter Keller auf www.nzz.ch/weinkeller Fragen von Lesern rund um den Wein. Diese Fragen mit Peter Kellers leicht verständlichen, sachkundigen Antworten sind in diesem gelungenen Band in sechs verschiedenen Kapiteln veröffentlicht und dürften für jeden Weinliebhaber eine hochinteressante Lektüre darstellen.

Ich gratuliere Peter Keller zum gelungenen Werk und freue mich, wenn möglichst viele Weininteressierte von seinem Wissen profitieren können.

Philipp Schwander, Master of Wine
Zürich, im Juni 2012

OHNE VERSTAND ZU GENIESSEN

Hallo Sie! Was gibt es Schöneres, als in der Toskana mit einem Weinglas in der Hand auf einer Anhöhe im Liegestuhl zu liegen? Der Boden mit feinem weissgrauem Kies ausgelegt. In der Luft der spannungslösende Duft von Zypressen. Im Ohr das eindringliche Zirpen der Zikaden. Aus der Ferne das charmante Knattern eines perforierten Fiat-Auspuffs (ob Fiat Auspüffe von Beginn an durchlöchert produziert?). Dazu ein Crostino mit fein gehackten aromatischen Tomaten in den Mund. Olivenöl und Kräutchen runden die Köstlichkeit ab. Entspannung pur.

Zürich, 17.30 Uhr, typische Apérozeit in einer Kanzlei. Urs P., es könnten auch ich oder du sein, fällt in der Runde eine Ehre zu. Er darf den Wein als Erster degustieren. Oder besser, muss. Urs war noch nie der Eloquenteste. Und Wein trinkt er normalerweise für den Rausch. Er tut, was er zigfach beobachtet hat und greift das Weinglas am Fuss. Er glaubt, dieses nun ein paarmal im Kreis schwingen zu müssen. Warum, hat er sich noch nie überlegt. Dann nippt er daran, saugt einen Hauch von Rot ein, im Glauben, schliesslich Sätze zum Besten geben zu müssen, die selbst Goethes Faust und damit des Pudels Kern zu einer Randnotiz der Literaturgeschichte degradieren würden.

Jetzt was Schlaues sagen? Unmöglich. Sein Herz rast, das Milieu unter seinen Achseln wechselt den Aggregatzustand – von fest zu gasförmig. Und kondensiert am Hemd. Sein Mund spricht das, was ihm sein Gehirn spontan zur Zunge liefert: «Hmmm, eindeutig sonnengereift, Himbeere, äh, und Brombeere, Kräuter, ja Kräuter, leicht wiesig, Sonne, Grill, Churrasco, spanische Hazienda, dezente Blüte, aber doch blühend, oh blumig halt … und herb, herb … wie ein brennender Gummireifen in Marseille, äh, Banlieue, Rauchpetarde … sur le pont d'Avignon … oui, oui …».

Könnte der Wein mithören, was wir so allerlei Unverschämtes über ihn erzählen, würde er sich fluchtartig wieder in die Traube zurückziehen. Urs P. gehört zu den Normalos. Findet man beim Weintrinken schnell diejenigen, die gleich ticken, kann man es aushalten. Sonst gilt: In vino degusto panicum.

Neben Urs gibt es noch die anderen: den Kenner und den Flatrate-Partygänger. Der Kenner ist dezent. Er trägt ein Sakko, darunter ein Oxford-Button-down-Hemd, dunkle Baumwollhosen, einen unauffälligen Ledergurt und makellose Lederschuhe. Man erkennt ihn sprachlich an Sätzen wie: «Man spürt den zart perlartigen Regen, der auf die Trauben gerieselt ist – und dieses Bouquet! Ein klassischer Bordeaux.» Der Flatrate-Partygänger dagegen fällt auf. Er trägt Crocs, Adiletten oder sonstiges Schuhwerk, bei dem die Evolution Pause gemacht hat, Jeans mit weissen Ornamenten und als Oberteil blinkt ein wild glitzerndes Ed-Hardy-Shirt. Bei ihm bilden Alkohol und Blut rasch eine Einheit, sodass er schon nach drei Minuten mit ausnahmslos jedem im Raum Duzis gemacht hat. Er glänzt mit minimaler Sprache, direkt aus dem Stammhirn: «Ey Mann geil, Bier – und dann noch rotes!»

Eigentlich wäre es einfach. Wir nehmen einen Schluck. Und schlucken den runter. Wir spüren, wie die Tannine unsere Zunge gerben. Wir finden das gut, weil wir glauben, nur ein teurer Wein sei dazu in der Lage. Wir hoffen, dass die Polyphenole die freien Radikale fangen. Und beiläufig unsere Arterien vor Kalk bewahren. Wären da nicht all die Fragen.

Wo ist eigentlich der Zapfen, von dem alle reden, aber den niemand sieht? Und was haben die Moutons vom Château Mouton Rothschild mit Schafen zu tun? Von welchem Ochsen stammen die Öchslegrade ab? Oder ist der Öchslegrad ein Trostpreis für diejenigen, die es nicht zum Master of Wine gebracht haben? Und wo wohnt eigentlich dieser Müller-Thurgau?

Fragen über Fragen. Von der ersten Antwort bist du nur noch eine Seite entfernt. Geniess die Lektüre – wir haben ja eben Duzis gemacht. Prost!

Fabian Unteregger, Comedian

EINLEITUNG

Wein bewegt. Wein ist Kultur und Genuss. Ein grosser Wein berührt das Herz und bleibt unvergessen. Wein regt zu guten Gesprächen an, über den Wein selber, aber auch zu anderen Themen. Über Wein wird geschrieben, in Zeitungen, Zeitschriften, auf elektronischen Plattformen. Gelegentlich klug, vielfach belanglos, oft von irgendwelchen Marktinteressen gesteuert. Wer eine Flasche Wein trinkt, hat die Möglichkeit, sich darüber zu äussern, zu bloggen und seinen Kommentar in die weiten Sphären des Internets zu zwitschern – Facebook, Twitter und allen anderen neuen Errungenschaften der Social Media sei Dank. Ob dieser ungefilterten Datenfülle kann einem schon manchmal der Schädel brummen, wie nach einem schlechten Wein.

Zwischendurch ist eine Einordnung hilfreich. Seit über drei Jahren haben Leser und Nutzer der Internetseite www.nzz.ch/weinkeller die Möglichkeit, mir eine Frage zu einem Thema aus der grossen Welt des Weines zu stellen. Ich wähle jeweils eine interessante Frage aus und versuche, eine möglichst nachvollziehbare Antwort zu verfassen. Die Rubrik stösst weiterhin auf reges Interesse. Daher bin ich mit dem Buchverlag NZZ Libro auf die Idee gekommen, die spannendsten Beiträge für ein Büchlein zusammenzutragen. 100 und eine Frage habe ich nach Themen geordnet und grösstenteils neu und umfassender beantwortet. Zu den jeweiligen Kapiteln und zu ausgewählten Themen hat mein Kollege Philipp Luder, Zeichnungs- und Werklehrer am Gymnasium in Bülach, witzige, zum Schmunzeln anregende Illustrationen geliefert.

Trotz der rasanten Fortschritte in der digitalen Welt sind wir vom Charme des bedruckten Papiers überzeugt. So soll diese Sammlung, die durchaus auch subjektive Gedanken enthält, eine kleine Hilfe für Ihren Weinalltag sein und Ihnen das vielfältige wie faszinierende önologische Universum etwas näherbringen – über den Tag und das flüchtige Internet hinaus.

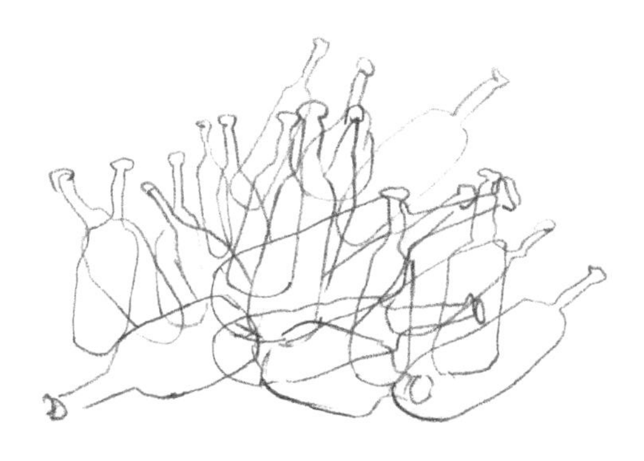

WEINBERG

Bedeuten hohe Öchslegrade einen guten Jahrgang?

B. L. aus Z. fragt, ob der Zusammenhang zwischen einem guten Jahrgang und den entsprechenden Öchslegraden wirklich so einfach und linear sei, wie es die vielen Berichte weismachen wollen. Ist nicht vielmehr ein ideales Jahr ein ausgeglichenes? Er könne sich nicht vorstellen, dass die ganze Komplexität und die Nuancen eines guten Weines in einer Zuckerkennzahl Platz haben sollen.

Wer die Jahrgangsberichte liest, dem fällt auf, dass stets auf die Öchslewerte hingewiesen wird. Ja, es existiert gar so etwas wie eine Manie. Das Mostgewicht gibt einen Hinweis darauf, wie reif die Trauben geerntet wurden. Das System beruht darauf, dass ein Liter Most wegen des darin enthaltenen Zuckers schwerer ist als ein Liter Wasser, also mehr als 1000 Gramm wiegt. Wiegt ein Liter zum Beispiel 1080 Gramm, so beträgt das Mostgewicht 80 Öchsle. Je höher dieser Wert ausfällt, desto höher wird der Alkoholgehalt nach der Gärung ausfallen.

Viele Weinliebhaber und -kritiker gehen von der irrtümlichen Meinung aus, dass ein höherer Öchslegehalt automatisch einen qualitativ besseren Wein bedeutet. Ich erinnere an den Jahrgang 2003, der Rekordzahlen hervorbrachte, eine Folge des langen und heissen Sommers. Der vermeintliche Jahrhundert-Jahrgang entpuppte sich nach wenigen Jahren als durchschnittlich. Viele Weine waren zu alkoholisch, zu üppig, zu unharmonisch. Ein Pinot noir aus der Bündner Herrschaft mit 14,5 oder 15 Prozent beispielsweise ist untypisch für diese Region.

Ich streite nicht ab, dass der Zuckergehalt ein wichtiges Kriterium für die Beurteilung der Weine darstellt. Ebenso bedeutend ist die sogenannte physiologische Reife der Traube. Unter dem Begriff sind die Farbe der Schale, der Reifezustand der Traubenkerne und der Geschmack der Phenole zu verstehen. Dem Winzer obliegt es, den idealen Lesezeitpunkt zu erwischen. Dieser ist dann erreicht, wenn möglichst viele der Komponenten den optimalen Zustand erreicht haben. Falls einzelne nicht stimmen, leidet die Weinqualität.

Die Tendenz geht zu alkoholhaltigeren Weinen. Um der Klimaerwärmung entgegenzusteuern, werden die Weinbauern gezwungen sein, mehr Trauben hängen zu lassen, sofern sie etwas leichtere Gewächse erzeugen wollen.

Leidet die Weinqualität nach einem verregneten Sommer?

T. T. aus S. will wissen, weshalb ein verregneter Sommer einen solch negativen Einfluss auf die Qualität der Weine habe. Sie erwähnt als Beispiel den Jahrgang 1992, der in vielen Anbaugebieten ziemlich garstige Gewächse hervorgebracht habe.

Wein lässt sich nur in bestimmten Klimazonen anbauen. Das Klima spielt denn auch eine wichtige Rolle für die Stilistik der edlen Tropfen, die aus einer bestimmten Gegend stammen. Temperatur, Sonnenschein und Niederschläge prägen die Qualität ebenso. 1992 ist in vielen Gebieten der Wein misslungen, etwa im Bordeaux oder in der Toskana. Viel Regen führt zu einer zu starken Vegetation und einem schlechten sogenannten Laubdach-Mikroklima. Zudem bewirken häufige Niederschläge, dass sich die Nässe auf empfindlichen Böden staut. Letztere müssen durchlässig sein, damit das Wasser abfliessen kann. Je tiefer die Reben wurzeln können, umso mehr Mineralien können sie aufnehmen und damit die Qualität der Trauben positiv beeinflussen.

Regenfälle während der Reifezeit haben weitere negative Auswirkungen. Der Saft in den Trauben wird verwässert. Die Beeren reifen schlecht aus. Auch kurz vor der Lese schadet zu viel Regen. Die Beeren platzen auf, die Gefahr von Pilzinfektionen steigt stark an. Generell schadet der Regen dem Weinbau nicht. Allerdings können sich Fachleute nicht über die optimalen Mengen einigen. Als Faustregel gilt: Die besten Weine der Welt kommen aus einem eher kühlen bis gemässigten Klima mit gleichmässigen sommerlichen Niederschlägen.

Erbringen alte Rebstöcke einen besseren Wein?

H. J. H. aus T. fragt, wie sich das Alter der Rebstöcke auf Menge und Qualität der Trauben respektive den Wein auswirke. Gibt es Unterschiede zwischen den einzelnen Rebsorten? Ihm sei aufgefallen, dass ein Wein oft damit beworben werde. Wein von alten Rebstöcken sei offensichtlich ein sehr gutes Verkaufsargument. Der Leser könne aber nicht beurteilen, ob er damit an der Nase herumgeführt werde.

Produzenten und Händler erfinden stets neue Marketingtricks, um ihre Weine zu verkaufen. «Vieilles Vignes», also «alte Rebstöcke», tönt immer gut. Es lässt sich nicht abstreiten, dass das Alter der Rebe direkte qualitative Auswirkungen auf einen Wein hat. Je älter die Anlagen sind, desto weniger Trauben hängen am Stock. Damit nimmt die Konzentration der vorhandenen Inhaltsstoffe in den Beeren zu. Trauben von jungen Rebstöcken wandern oft direkt in Tischweine. Bekannte Güter aus dem Bordelais haben einen Zweitwein geschaffen, damit der Grand Cru Classé qualitativ besser ausfällt.

Allerdings glauben nicht wenige Experten, dass junge Weingärten in den ersten Erntejahren die höchste Qualität liefern, wohl darum, weil die Erträge in diesem Stadium ebenfalls bescheiden sind. Das Argument ist nicht ganz von der Hand zu weisen. Dies beweist ein Beispiel. 1976 hatte jene weltberühmte Degustation in Paris stattgefunden, an der Weine aus der Neuen Welt gegen Vertreter aus Europa antraten. Bei den Roten gewann völlig überraschend der Cabernet Sauvignon 1973 der kalifornischen Kellerei Stag's Leap Wine Cellars. Es handelte sich um die erste Abfüllung. Und die Reben waren gerade einmal drei Jahre alt respektive jung. Die hochkarätigen Bordeaux, wie zum Beispiel Château Mouton Rothschild 1970, hatten das Nachsehen. Cabernet-Sauvignon-Rebstöcke können gut und gerne 50 Jahre alt werden und immer noch einen (kleinen) Ertrag abwerfen. Andere Sorten schaffen problemlos einige Jährchen mehr. So existieren in Australien über 100-jährige Shiraz-Rebstöcke. In Kalifornien erreichen Zinfandel-Rebstöcke ein solch biblisches Alter.

Wie viele Trauben braucht es für wie viel Wein?

M. T. aus E. besuchte einen Winzer. Dieser habe ihm erzählt, dass er aus rund 200 000 Kilogramm Trauben etwa 200 000 Flaschen Rotwein gewinne. Ist das Verhältnis tatsächlich so einfach zu berechnen? Da Wein eine bestimmte Dichte aufweise, scheint dem Leser ein Verhältnis von 1:0,75 (Trauben zu Wein) etwas zu hoch.

Die Frage des Ertrags beschäftigt viele Weinliebhaber. Der Ertrag ist gewiss einer der Schlüsselfaktoren, was die Qualität des Flascheninhalts betrifft. In Europa wird die Produktion in Hektolitern pro Hektare berechnet. Die gewonnene Menge hängt von verschiedenen Faktoren ab: Rebsorte, Jahrgang, technische Ausrüstung im Keller und natürlich vom Weintyp. Bei Rotwein werden für einen Hektoliter, also für 100 Liter, etwa 130 Kilogramm Trauben benötigt. Rechnet man die Menge auf die Anzahl Flaschen um, ergibt dies 130 Flaschen. Also stimmt die Angabe für Rotwein, die Ihnen der Winzer gegeben hat. Bei Weisswein braucht man rund 150 Kilogramm Trauben für einen Hektoliter, bei hochwertigem Schaumwein wie Champagner gar 160 Kilogramm.

Ist Mehltau eine Pilzkrankheit oder eine Läuseart?

J. S. aus C. hat erfahren, dass Mehltau keine Pilzkrankheit, sondern eine Läuseart sei. Dies hätten DNA-Untersuchungen in Frankreich ergeben. Trifft diese Tatsache zu?

Reben sind leider nicht immun gegen bestimmte Krankheiten. Zu den Gefahren gehört der Mehltau, der in zwei unterschiedlichen Varianten auftritt. Sie beschäftigen die Winzer mehr, als ihnen lieb ist. Es handelt sich um einen mehligen Belag auf Blättern oder Beeren und ist nach meinem Wissensstand eine Pilzkrankheit. Bei der einen Form wird während der Blüte der Fruchtansatz der Traube befallen. Sie ist unter dem Namen «Echter Mehltau» (Fachwort: Oidium) bekannt. Diese Infektion befällt vor allem europäische Rebsorten. Allerdings besitzen beispielsweise Pinot noir, Merlot oder Riesling eine bessere Resistenz gegen diese Krankheit als Cabernet Sauvignon und Chardonnay.

Weitaus häufiger tritt in den Weingärten der «Falsche Mehltau» (Peronospora) auf, vor allem zu jenen Zeitpunkten, in denen im Sommer feuchtwarmes Wetter vorherrscht. Die Krankheit befällt die Blätter der Rebe. Dies hat zur Folge, dass die Fotosynthese eingeschränkt ist und die Rebe in den Trauben weniger Zucker bilden kann. Da die Mangelerscheinung nicht im Interesse des Winzers liegt, stehen ihm natürlich entsprechende Gegenmittel zur Verfügung. Der Pilz wird mehrheitlich mit der bekannten Bordeaux-Brühe bekämpft, einer Flüssigkeit mit Kupfer. Die Rebschulen züchten auch neue Rebsorten, die gegen den Mehltau unempfindlich sind.

Wie schädlich ist die Krankheit Eutypiose?

R. G. aus E. hat von einer speziellen Pilzkrankheit gehört. Wie wirkt die sogenannte Eutypiose auf den Rebstock? Warum ist die Merlot-Traube dagegen fast zu 100 Prozent resistent?

Die erwähnte Krankheit wird als Holzhartfäule bezeichnet. Sie zerstört das Holz eines Rebstocks und kann im schlimmsten Fall verheerende Auswirkungen haben. Es ist schon vorgekommen, dass deswegen der gesamte Rebberg neu angelegt werden musste. Erreger ist ein spezieller Pilz, der vor allem ältere Anlagen befällt. Die jungen Triebe verkümmern, das Laub vergilbt und rollt sich ein. Wahrlich kein schönes Bild im Weingarten! Erkundigungen haben ergeben, dass offensichtlich keine Rebsorte gegen diese Erkrankung immun ist, auch die Merlot-Traube nicht. Sie ist jedoch weniger gefährdet als andere Varietäten. Anfällig sind Cabernet Sauvignon, Sauvignon blanc und Grenache. Ein Hinweis für die Verbreitung könnte die Tatsache sein, dass Eutypiose vor allem im mediterranen Klima auftritt. Betroffen sind Gegenden wie Südfrankreich, Kalifornien und Südostaustralien. In diesen Anbauregionen ist Merlot indessen nicht sehr verbreitet, was die geringere Gefährdung erklären könnte.

Seit wann existieren «neue» Rebsorten in der Schweiz?

R. S. aus H. schreibt, dass der Anbau von Reben in der Schweiz früher stark eingeschränkt gewesen sei, was die Sorten anbetreffe. Seit wann sind «neue» Varietäten zugelassen? Gibt es Einschränkungen für die Zulassung? Könnten beispielsweise auch ein Primitivo oder Zinfandel angebaut werden?

Die Rebsorten-Frage war lange Zeit eine leidige Angelegenheit. Früher und heute noch dominieren Chasselas in der Romandie, Blauburgunder (Pinot noir) und Riesling-Sylvaner in der Ostschweiz. Von den rund 15 000 Hektaren Rebfläche in der Schweiz sind fast zwei Drittel mit den beiden erstgenannten Sorten bepflanzt. In den 1990er-Jahren lockerten einzelne Kantone wegen der zunehmenden Konkurrenz aus dem Ausland sukzessive die gesetzlichen Bestimmungen. Prinzipiell kann heute jeder Winzer eine Bewilligung für jede Sorte einholen. Allerdings sollte er darauf achten, ob die klimatischen Verhältnisse und die Bodenbeschaffenheit dies auch als sinnvoll erscheinen lassen.

Im Prinzip ist auch der Anbau des vor allem in Italien beheimateten Primitivo möglich. Ich glaube aber nicht, dass es in der Schweiz eine Fläche gibt, wo die Sorte auch wirklich ausreift. Dasselbe Problem stellt sich auch mit dem globalen und allseits beliebten Cabernet Sauvignon, der hierzulande vereinzelt zu finden ist. Heute ist die Auswahl an Rebsorten riesig. Ob Scheurebe (weiss), Zweigelt (rot), Neuzüchtungen wie Garanoir (rot) oder sogenannte interspezifische Sorten wie Maréchal Foch (rot): Sie werden angebaut, zum Teil mit beachtlichem Erfolg. Daneben erleben erfreulicherweise autochthone Sorten wie Petite Arvine (weiss) im Wallis oder Completer (weiss) in der Bündner Herrschaft eine grössere Beachtung. Die Vielfalt hat in den letzten 20 Jahren deutlich zugenommen – ganz im Sinne und Interesse der Konsumenten. Die Winzer produzieren von diesen Spezialitäten in den meisten Fällen nur sehr kleine Mengen. Man sollte sich jeweils beeilen, wenn die eine oder andere Flasche im eigenen Keller gelagert werden soll.

Ist der Räuschling eine Zürcher Rebsorte?

R. L. aus Z. geniesst besonders im Sommer gerne einen Räuschling, gut gekühlt. Er lernte einen Weisswein aus der Zürcher Gemeinde Uhwiesen kennen. Später stellte er fest, dass die Tropfen vom Zürichsee ebenso fein und gar ein wenig eleganter seien. Seine Frage: Kann man davon ausgehen, dass der Räuschling eine autochthone Zürcher Rebsorte ist, also eine Varietät, die aus dieser Anbauregion stammt?

Ein Räuschling eignet sich hervorragend für sommerliche Tage, aber nicht nur. Der Weisswein wird vor allem im Kanton Zürich produziert, vorzugsweise am Zürichsee, wo er ein ideales klimatisches Umfeld gefunden hat. Es handelt sich um eine autochthone Sorte. Sie sei verwandt mit dem Walliser Heida, erklärt Cécile Schwarzenbach vom bekannten, gleichnamigen Weingut aus Meilen, das einen besonders feinen Räuschling erzeugt. Offenbar ist die Varietät mit den Römern in die Schweiz gekommen, sowohl nach Zürich als auch ins Wallis. Durch Mutationen hat sie sich in den beiden Gegenden unterschiedlich entwickelt.

Der Räuschling wurde in früheren Zeiten durch seine grosse Beständigkeit und hohen Erträge geschätzt. Heute erlebt die Sorte eine kleine Renaissance, denn zahlreiche Winzer am Zürichsee haben den Räuschling neu entdeckt und beweisen, dass daraus eine überaus charaktervolle Spezialität entstehen kann. Schweizweit gibt es inzwischen eine Rebfläche von rund 20 Hektaren. Allein 12 Hektaren entfallen auf das Gebiet am Zürichsee, was die überragende Stellung dieser Region unterstreicht.

Wo und warum wird Malbec in der Schweiz angebaut?

F. B. aus H. hat erfahren, dass in unserem Land die Malbec-Traube wieder angebaut werde. In der Region Murten/Vully soll es mindestens zwei Winzer geben, die darauf schwören. Verfügen Sie über mehr Informationen zu diesem Thema oder aber generell zum Malbec-Anbau in der Schweiz?

Eine spannende Frage um eine ebensolche Rebsorte, die hierzulande ein Mauerblümchendasein fristet. Malbec stammt ursprünglich aus dem Bordeaux, wo die Bedeutung indessen stark schwindet. Die Sorte wird im Weiteren im Cahors (Südwestfrankreich) mit beachtlichem Erfolg kultiviert. Populär ist Malbec vor allem in Argentinien. Dort hat die Traube eine zweite Heimat gefunden. Das südamerikanische Klima kommt der Varietät entgegen. Sie besitzt jedoch einige gewichtige Nachteile: Erwähnt sei die Anfälligkeit auf Verrieseln, Frost, Falschen Mehltau und Fäule. Dies könnte ein Grund sein, warum Malbec in der Schweiz wenig angepflanzt wird. Man findet jedoch den einen oder anderen Winzer, der darauf setzt.

Mir sind zwei Betriebe bekannt, die schöne Weine produzieren. Zum einen ist es die Domaine Grillette aus Neuenburg, die einen reinsortigen Malbec sowie eine Cuvée aus Merlot und Malbec anbietet. Zudem fördert das Weingut Charles Steiner am Bielersee die Spezialität, ebenfalls mit einem reinsortigen Wein und einer ungewöhnlichen Assemblage aus Malbec und Syrah. Auch im Kanton Zürich hat der Malbec Einzug gehalten. Das Weinhaus Zweifel aus Zürich produziert erstaunlich schöne Beispiele, eines für die eigene Linie, eines für die Nachbargemeinde Oberengstringen. Es handelt sich stets um relativ teure Weine: kleine Produktion, grosse Preise. Die gesamte Rebfläche von Malbec beträgt in der Schweiz weniger als 20 Hektaren. Das sind lediglich 0,1 Prozent der gesamten Fläche. Es ist nicht davon auszugehen, dass dieser Anteil künftig markant steigen wird. Aber solche Rebsorten beweisen die Innovationsfreude der Winzer.

Warum wird in der Schweiz kein Riesling angebaut?

S. S. aus Z. fragt, warum in der Schweiz kein reiner Riesling kultiviert werde. Direkt hinter der Grenze im deutschen Baden sei dies ja auch möglich. Aus diesem Grund könne es wohl nicht am Klima oder Boden liegen. Mit Riesling würden sich zudem höhere Preise erzielen lassen. In Zürich habe sich mit «Caduff's Wine Loft» gar ein Restaurant auf diese weisse Rebsorte spezialisiert. Ist Riesling hierzulande verboten?

Der Leser hat recht: Riesling ist in der Schweiz nicht weit verbreitet. Die Sorte wird vereinzelt im Wallis angebaut und bringt vor allem auf Schieferböden gute Resultate hervor. Auch das berühmte Winzer-Ehepaar aus der Bündner Herrschaft, Daniel und Martha Gantenbein aus Fläsch, pflegt den aus Deutschland stammenden Riesling und bietet eine verschwindend kleine Menge an. Es handelt sich dabei um ein Gewächs mit Restsüsse. Solche Weine laufen hauptsächlich im Anbaugebiet Mosel/Saar zur Hochform auf.

Einer der Gründe für die geringe Ausdehnung ist im Klima zu suchen. Zwar liebt der Riesling kühles Klima. Er braucht aber sehr gute, geschützte Lagen, wenn er voll ausreifen und entsprechende Erträge erzielen soll. In der Schweiz hat sich traditionellerweise der Riesling-Silvaner (Müller-Thurgau) eingebürgert, der mit dem Riesling nichts, wirklich gar nichts zu tun hat. Riesling-Silvaner reift früher als der berühmtere Riesling. Ich glaube nicht, dass sich hierzulande in absehbarer Zeit etwas verändern wird. In der Westschweiz schwören die Winzer auf ihren Chasselas. Es ist schwierig, sich vorzustellen, dass die Produzenten plötzlich eine deutsche Rebsorte favorisieren. Nicht abzustreiten ist, dass mit Riesling allenfalls höhere Preise zu erzielen sind. Aber in Deutschland verkaufen Discounter unzählige Abfüllungen, die kaum mehr als 3, 4 Euro kosten. Die Sorte ist nämlich ertragsstark. Nur Provenienzen aus erstklassigen Lagen garantieren dem Winzer gutes Geld.

Gehört Riesling zu den grossen Rebsorten?

D. S. aus K. stellt fest, dass süsse Riesling-Weine aus Deutschland polarisieren. Viele würden die Nase rümpfen und meinten, dass sie damit nichts anfangen könnten. Handkehrum werde in der Fachliteratur auf die Einzigartigkeit der Sorte hingewiesen. Sie zähle mit zum Besten, was in Sachen Weisswein existiere. Woher stammt diese so unterschiedliche Wahrnehmung?

Eines vorweg: Riesling zählt unbestritten zu den grössten weissen Rebsorten der Welt. Sie entzweit die Weintrinker vor allem darum, weil sie sehr unterschiedlich ausgebaut werden kann, von trocken über Zwischenstufen bis zu edelsüss. Es ist leider eine Tatsache, dass Riesling von vielen Konsumenten mit dem Prädikat «süss» gleichgesetzt wird. Ich will nichts beschönigen: In der Vergangenheit wurden viele deutsche Weine produziert, die zu viel Restsüsse und zu wenig Extrakt aufwiesen. Dieser Stil hat der Sorte imagemässig stark geschadet. Der Ruf hält bis heute an – leider.

Zwei Entwicklungen dürfen nicht vergessen werden. Immer mehr Winzer keltern trockene Gewächse, also Weine, die vollständig durchgegoren worden sind und fast keine oder keine wahrnehmbare Restsüsse aufweisen. Beispiele sind genügend zu finden, sei es im Rheingau, an der Nahe oder in Rheinhessen. Es muss sich ja nicht gleich um ein «Grosses Gewächs», quasi einen Grand Cru, handeln, die qualitative Spitze in Sachen Riesling. Völlig auf der anderen Seite liegen die edelsüssen Vertreter, entweder als Trockenbeerenauslese oder als Eiswein produziert. Riesling ist eine Sorte mit viel Säure und gehört zu jenen Vertretern, bei denen man diese Säure als angenehm empfindet. Das hat damit zu tun, dass die Weine viel Extrakt und ein

Reichtum an Aromen aufweisen. Die Schweizer tun sich sowohl mit der Süsse als auch mit der Säure schwer. Ich bin jedoch überzeugt, dass immer mehr Konsumenten den unschätzbaren Wert des Rieslings erkennen werden. Es ist die Zeit der frischen, eleganten Weine; jene der fetten, säurearmen Weissen gehört definitiv der Vergangenheit an.

Wie viele Rebsorten darf ein Châteauneuf-du-Pape enthalten?

R. H. aus Z. liegt der Châteauneuf-du-Pape am Herzen. Ihm sei erzählt worden, dass der Wein aus der südlichen Rhône verschiedene Rebsorten enthalten müsse. Er könne sich diese Vorschrift nicht vorstellen. Was sagen Sie dazu?

Die Situation in der südfranzösischen, 3200 Hektaren grossen Appellation Châteauneuf-du-Pape ist etwas verflixt. Ihr Kollege liegt mit seiner Aussage nicht ganz falsch. Zugelassen sind nicht weniger als 13 verschiedene Rebsorten, so viel wie nirgends sonst. Bis 1936 waren es zehn Sorten gewesen. Dann sind noch deren drei dazukommen. Allerdings hat der Winzer die Wahl der Qual. Er darf auch nur eine Varietät verwenden. Château Rayas vertritt diese Philosophie radikal. Das Gut setzt ausschliesslich auf Grenache, der mit dem heissen Klima sehr gut zurecht kommt und die kargen Böden mit den grossen Kieselsteinen schätzt. Die Sorte wird mehrheitlich im Châteauneuf-du-Pape kultiviert.

Weiter zugelassen sind Mourvèdre und Syrah, die den alkoholreichen, roten Châteauneuf-du-Pape prägen. Im grösseren Stil wird zudem die wenig bekannte Counoise angebaut. Ambitionierte Betriebe pflegen zudem einen weissen Châteauneuf-du-Pape, der jedoch auf unserem Markt nicht allzu häufig auftaucht. Dafür sind zugelassen: Grenache blanc, Clairette, Rousanne und Bourboulenc. Eines der wenigen Güter, das noch alle 13 Rebsorten kultiviert, ist das zuverlässige Château de Beaucastel. Ich mag die Weine dieses Gutes sehr.

Was bedeutet der Begriff «Bourgogne Passetoutgrain»?

L. F. aus U. hat einen Bourgogne Passetoutgrain 1983 des Handelshauses Bouchard Père & Fils geschenkt bekommen. Handelt es sich dabei um ein gutes Gewächs? Oder hat es den Höhepunkt bereits überschritten? Wie hoch ist der ungefähre Wert dieser Flasche?

Wer im Burgund den Durchblick haben will, muss sich intensiv mit der Materie befassen. Keine der Appellationen Frankreichs ist komplizierter. Die Weine werden nach einer ganz bestimmten Hierarchiestufe klassiert. Zuunterst stehen die einfachen Bezeichnungen wie Bourgogne Rouge, Bourgogne Grand Ordinaire und Bourgogne Passetoutgrain. Beim Letzteren handelt es sich um einen Verschnitt aus den beiden Sorten Pinot noir und Gamay, was eine grosse Ausnahme darstellt. Im Burgund vinifizieren die Bauern die Weine in der Regel sortenrein, also aus einer einzigen Sorte. Beim Rotwein ist es der Pinot noir, beim Weisswein der Chardonnay.

Die einfacheren Burgunder müssen in der Regel jung getrunken werden, also innerhalb der ersten vier Jahre nach der Abfüllung. Das trifft auch für den Bourgogne Passetoutgrain zu. Somit befürchte ich, dass ein 1983er mit grösster Wahrscheinlichkeit den Zenit überschritten hat. Da hilft es wenig, dass Bouchard zu den zuverlässigen Handelshäusern im Burgund zählt. Generell bleibt in solchen Fällen nur eine Möglichkeit: Öffnen Sie eine Flasche und verkosten Sie den Wein. Falls er Ihnen nicht mehr schmeckt, leeren Sie die Flasche aus oder verwenden Sie den Inhalt zum Kochen. Ältere Weine aus dem Burgund sollten die Bezeichnungen «Premier Cru» oder «Grand

Cru» tragen. In diesem Fall handelt es sich um Weine aus der Spitze der Qualitätsbezeichnungen. Aber das reicht in der Regel nicht: Der Name der genauen Appellation ist ebenso matchentscheidend wie der Name des Produzenten.

Wird Bordeaux in höher- und minderwertige Gebiete aufgeteilt?

D. B. aus L. ist aufgefallen, dass in den Bordeaux-Subskriptionsangeboten in der Regel nur über ganz bestimmte Appellationen aus dem Bordeaux wie etwa Pauillac, Margaux oder St. Emilion berichtet werde. Er habe jedoch festgestellt, dass weitaus mehr Appellationen wie beispielsweise Entre-deux-Mers existieren würden. Enthalten die Bordeaux-Kritiker uns normalen Weinkonsumenten gewisse Informationen vor oder handelt es sich um «minderwertige» Gebiete?

Bordeaux lässt sich ganz grob in zwei Kategorien unterteilen: einerseits die berühmten Châteaux aus den besten Appellationen. Sie machen vielleicht 5 Prozent der gesamten Produktion aus. Andererseits versucht der grosse Rest, sich Gehör zu verschaffen. Das Bordelais wird in mehr als 50 Ursprungsbezeichnungen unterteilt, die aber kaum jemand kennt. Ganz unten in der Hierarchie befinden sich die einfachen «Bordeaux AC». Darunter fallen viele einfache, nichtssagende Gewächse, die innert zwei, drei Jahren nach der Abfüllung getrunken werden sollten. Ein grosser Teil kommt aus dem erwähnten Bereich Entre-deux-Mers (zwischen den Meeren). Unter diesem Namen dürfen nur Weissweine verkauft werden.

Ich würde nicht zwingend von «minderwertigen» Gebieten sprechen. Nur lohnt es sich weder für den Produzenten, den Händler noch den Konsumenten, Weine aus diesen Gegenden im Voraus zu erwerben respektive zu subskribieren. Ein Terminkauf ist allenfalls nur für die besten und feinsten Weine aus dem Bordelais sinnvoll. Sie kommen im Wesentlichen aus zwei Bereichen. Das Médoc auf der linken Uferseite der Gironde wird in kleinere Appellationen aufgeteilt. Sie sorgen für das weltberühmte Renommée von Bordeaux: St. Estèphe, Pauillac, Margaux, St. Julien. Auf der anderen Seite des Flusses sind es St. Emilion und Pomerol, die den weiteren Gebieten wie Fronsac oder Côte de Blaye den Rang ablaufen.

Was zeichnet die Traubensorte Picpoul de Pinet aus?

F. G. aus N. hat mit dem Picpoul de Pinet Bekanntschaft gemacht. Der fruchtige, spritzige Wein mundete ihm und seiner Frau. Er hatte befürchtet, einen süsslichen Wein aus einer warmen Gegend gekauft zu haben. Gibt es mehr Informationen über diese Traubensorte? Ist «Pinet» eine Ortsbezeichnung?

Mit Picpoul de Pinet ist ein Weingeniesser auf eine nicht alltägliche Spezialität gestossen. Dabei handelt es sich um einen Cru, um einen Weisswein aus den Coteaux Languedoc im Süden Frankreichs. Bemerkenswert: Es ist der einzige Appellation-contrôlée-Wein des Landes, der nach einer Traubensorte benannt wird. In diesem Fall heisst sie Picpoul. Der Name bedeutet «Lippenstecher», wohl darum, weil sich die Sorte durch eine markante Säure auszeichnet. Der Wein, der hierzulande wenig getrunken wird, ist zudem fruchtig, voll, aber nicht mastig. Der Nachteil von Picpoul besteht darin, dass die Rebe auf Pilzkrankheiten anfällig ist. Daher bevorzugt sie warme Gegenden wie das Languedoc. Der Ort heisst Pinet, wo die ortsansässige Genossenschaft den grössten Teil der Weissweinproduktion verantwortet. So viel ich weiss, gibt es keine andere nennenswerte Region, in der diese Sorte angepflanzt wird. Ich finde es begrüssenswert, dass solche Exoten nicht ganz verloren gehen.

Wo wird überall Albariño angebaut?

S. K. aus K. fährt nach Nordportugal und Galicien in die Ferien. Sie will wissen, woher die beiden Traubensorten Albariño und Vinho Verde kommen. Sind sie miteinander verwandt oder gar identisch?

Die weisse Albariño-Traube ist eine jener Sorten, die in der portugiesischen Appellation Vinho Verde eine wichtige Stellung einnehmen. Daraus entstehen die besten Weine der Region, allerdings auch die untypischsten mit einem relativ hohen Alkoholgehalt von 13 Prozent. Albariño oder Alvarinho, wie sie in Portugal genannt wird, hat ein zweites Zuhause und zwar in Spanien. Riax Baixas in Galicien ist dafür bekannt und bringt Gewächse mit einer Geschmacksfülle auf den Markt, die aromatisch, säurebetont und relativ alkoholreich sind. Sie unterscheiden sich stilistisch von jenen aus dem Vinho Verde. Beide entstehen jedoch in einem relativ feuchten Klima.

Um nochmals auf Portugal zu sprechen zu kommen: Die Produzenten bauen im Vinho Verde vorwiegend die weissen Sorten Loureiro, Trajadura sowie Pedernã an. Weder die Varietäten noch die alkoholarmen Weine (Höchstgehalt 11,5 Prozent, ausser beim genannten Albariño) geniessen in der Schweiz ein allzu grosses Ansehen. Man kennt sie nicht, die Qualität ist meistens mager, das Image bescheiden. Die Gegend ist bestrebt, dies zu ändern, nicht zuletzt dank der Unterstützung durch EU-Gelder.

Nach welchen Qualitätskriterien qualifizieren die Amerikaner ihre Weinberge?

A. W. aus A. hat bei Weinen aus den USA auf der Etikette noch nie eine Qualitätsstufe bemerkt. In Italien beispielsweise existiere ja eine DOC oder eine DOCG. Gibt es keine solche Bezeichnung in der Neuen Welt? Nach welchen Kriterien stufen die Amerikaner ihre Weinberge ein? Wie sollen die Weine in diesem Fall ausgewählt werden?

In der Neuen Welt ist vieles anders als im traditionellen Europa. Es existiert in der Tat kein System, wie es von europäischen Ländern bekannt ist. Die Amerikaner setzen auf ein geografisches Bezeichnungssystem, das sogenannte AVA. Der Ausdruck steht für American Viticultural Area. Das System sagt nichts darüber aus, welche Rebsorten angebaut werden oder wie hoch die Erträge sein müssen. Einzige Anforderung: Der Wein aus einer AVA muss zu 85 Prozent aus Trauben gekeltert werden, die aus der betreffenden Gegend stammen. Der Ausdruck erscheint jedoch nicht auf der Etikette. AVA soll eigentlich ein Pendant zur französischen Appellation contrôlée (AOC) sein. Wegen der laschen US-Bestimmungen bedeutet es nicht, dass ein AVA-Wein von besonderer Güte ist.

Ich würde Ihnen vielmehr raten, sich auf den Namen des Produzenten zu verlassen. Er ist die beste Gewähr dafür, ob es sich um ein qualitativ gutes Gewächs handelt oder nicht. Unzählige Winzer buhlen um die Gunst der Konsumenten. Und aus diesem Haufen die «richtigen» zu finden, kann mühsam sein. Schauen Sie sich daher in Weinpublikationen um und degustieren Sie die Weine. Ihr eigenes Urteil ist immer noch das Beste.

Ist Zinfandel mit dem Primitivo verwandt?

E. S. aus E. fragt, ob es zwischen dem Zinfandel und dem Primitivo irgendwelche Unterschiede gebe. Ihr Mann liebt Weine wie den kalifornischen Zinfandel. Sie bevorzuge eher kantige Gewächse. Findet die Leserin unter den kalifornischen Träumen auch etwas, das sie anspricht?

Zinfandel wird vor allem in Kalifornien kultiviert und belegt eine Rebfläche von rund 20 000 Hektaren. Es ist tatsächlich so, dass die rote Rebsorte mit der Primitivo-Rebe in Süditalien identisch ist. Dies haben DNA-Analysen ergeben. Wahrscheinlich dürfte Zinfandel ursprünglich eine dalmatische Herkunft haben. Auch die kroatischen Sorten Plavac mali und Crljenak dürften identisch sein. Zinfandel hat und hatte viel Erfolg in den USA, weil sie grosse Erträge hervorbringt. Merkmale sind opulente Frucht, Kraft und hoher Alkoholgehalt. Primitivo-Weine fallen in ihrer Stilistik sehr ähnlich aus. Die Rebsorte hat ihre weiteste Verbreitung im süditalienischen Apulien mit einer Fläche von rund 12 000 Hektaren.

Nur wenn die Erträge reduziert werden und sich die Rebberge in kühleren Lagen befinden, entstehen aus Zinfandel anspruchsvollere Gewächse. Wenn Sie etwas mehr Finesse aus Kalifornien bevorzugen, sollten Sie einen Pinot noir aus kühleren Gegenden wie dem Sonoma Valley probieren. Die grössten Erfolge feiert Kalifornien natürlich mit dem Cabernet Sauvignon. Bei dieser Rebsorte ist die Bandbreite der Weinstile beträchtlich. Gewächse wie jene von der Ridge Winery oder Dominus lehnen sich an den europäischen Stil an. Sehr gut gefallen mir die Weine von Caymus und Heitz. Dank der Vielfalt werden Sie bestimmt etwas finden, das Ihnen zusagt.

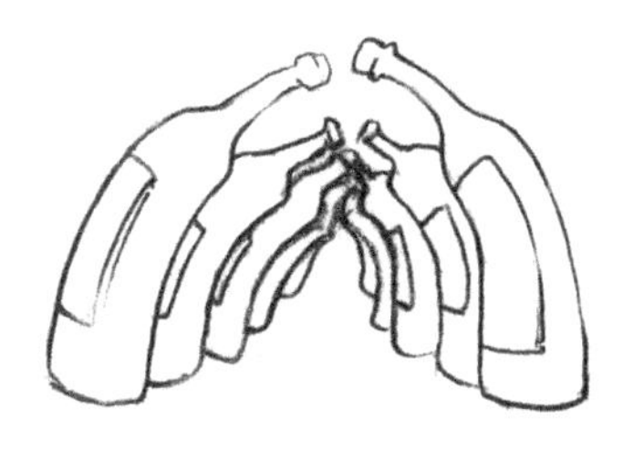

WEINKELLER

Was haben Eier und Fisch mit der Herstellung von Wein zu tun?

R. B. aus F. hat auf einer Flasche Cabernet Sauvignon des australischen Produzenten Wolf Blass Folgendes gelesen: «produced with the aid of egg, milk and fish products and traces may remain». Dies bedeutet, dass der Wein Spuren von Ei, Milch und Fisch enthalten könne. Was haben diese Produkte mit der Herstellung von Wein zu tun? Ist deren Verwendung auch bei anderen Gewächsen üblich und wird sie einfach nicht so offen deklariert wie in diesem Fall?

Auf den ersten Blick haben diese etwas seltsamen Substanzen wenig mit Wein zu tun. Auf den zweiten ist die Frage mehr als berechtigt. Einfach ausgedrückt: Mit den genannten Produkten werden die Weine geschönt, das heisst, die Schwebeteilchen entfernt, um das Produkt in einer späteren Phase vor Trübungen und Schleiern zu bewahren.

In der Praxis werden eine Reihe von Schönungsmitteln verwendet. Aus dem organischen Bereich sind dies Kasein (aus Milch gewonnen), Albumin (aus Eiweiss), Fischblase oder Gelatine. Untersuchungen haben ergeben, dass diese Substanzen nur in einem sehr geringen Ausmass im Wein vorkommen. Sie sind unschädlich und beeinträchtigen auch die Qualität des Weines nicht. Sie können also die Gewächse bedenkenlos geniessen.

Trotzdem müssen die Winzer die Mittel, die sie für die Schönung einsetzen, deklarieren. Bisher galt das für die Neue Welt. Auch die Europäische Behörde für Lebensmittelsicherheit entschied, dass der Einsatz von Hühnerei- und Milcheiweiss deklariert werden muss. Grund: Es gibt Menschen, die auf Eiweiss allergisch reagieren. Die

Winzer haben dafür wenig Verständnis aufgebracht. Es sei noch kein einziger Fall einer allergischen Reaktion auf Eiweissreste im Wein bekannt geworden.

Selbstverständlich gibt es auch (qualitätsbewusste) Produzenten, die ihre Weine keinem solchen Prozess aussetzen (wollen). Können die edlen Tropfen während einer langen Zeit unter günstigen Bedingungen ruhen, wird nämlich der gleiche Effekt erzielt. Der Prozess ist zeitlich aufwendiger. Und er kostet auch mehr Geld.

Was ist ein ungeschönter Wein?

H. J. H. aus T. hat in einem Verkaufsprospekt gelesen, dass ein ungeschönter Wein empfohlen werde. Können Sie mir sagen, was darunter zu verstehen ist? Welche Weine werden geschönt? Welche nicht?

Generell lohnt es sich, die Verkaufsprospekte gut zu studieren. In diesem Fall werden jedoch die Kunden nicht mit einem mittelmässigen Wein geködert. «Schönen» ist ein Sammelbegriff für Verfahren, um einen jungen Wein zu stabilisieren. Man kann dafür verschiedene Stoffe wie Eiweiss, Gelatine oder Betonit verwenden. Durch chemische Reaktionen werden unerwünschte Schwebestoffe gebunden und sinken nachher zu Boden. Das Schönen beschleunigt diesen Prozess.

Nun gibt es immer mehr Produzenten, die darauf verzichten. Sie warten einfach auf das natürliche Absetzen der Trubteilchen. Dies dauert jedoch einige Monate. Geduld macht sich bezahlt: Dadurch wird verhindert, dass Geschmacks- und Aromastoffe verloren gehen. Behilft man sich mit anderen Methoden, kann dies nicht ganz verhindert werden. Wird auf das Schönen und allenfalls auch auf das Filtrieren verzichtet, ist es möglich, dass am Schluss mehr Depot in der Flasche bleibt. Doch keine Bange: Die Qualität wird in keiner Weise beeinträchtigt. Sie können daher jederzeit und ohne schlechtes Gewissen einen «ungeschönten» Wein kaufen.

Das Schönen hat noch einen anderen Zweck. Damit sollen Fehler im Wein verhindert werden. Etwa ein Böckser (unangenehmer Geruch von Kohl, Gummi) kann durch einen Zusatz von Kupfer entfernt werden. Aktivkohle benutzen Winzer, um Pilz-Fäulnisaromen zu eliminieren.

Warum werden Trauben mit Stielen vergoren?

I. F. aus O. fragt, warum einzelne Winzer die Trauben mit den Stielen vergären. Welchen Effekt erhoffen sich die Produzenten mit diesem Vorgang? Gibt es bestimmte Sorten, die davon besonders profitieren?

Der Vorgang ist nicht alltäglich. Hierbei handelt es sich um die Ganztraubenvergärung, das heisst, die Weinbauern verzichten bewusst auf das Abbeeren der blauen Trauben. Werden die Stiele mitvergoren, will der Winzer in der Regel etwas mehr Gerbstoffe in den Wein bekommen. Aber Achtung: Die Frucht muss reif sein. Und der Most ist vorsichtig und schonend zu behandeln. Sonst riskiert der Produzent, dass die Stiele dem Wein zu harte Tannine abgeben. Das Endprodukt wirkt unharmonisch und wird nie richtig reif werden.

Es gibt Winzer, die einen Teil ihres Weines auf diese Art und den anderen Teil ohne Stiele vergären. Verbreitet ist die Technik vor allem im Burgund, wo der Pinot noir zu Hause ist. Der Rotwein gewinnt durch die Methode an Dichte und Komplexität. Auch von Schweizer Pinot-noir-Produzenten habe ich gehört, dass sie damit gute Erfahrungen machen. Ein weiterer Vorteil des Prozesses: Die Stiele erleichtern das Ablaufen des Mostes durch den sogenannten Hut und sorgen dadurch für eine bessere Belüftung während der Maischung.

Sind die Naturhefen den Reinzuchthefen überlegen?

H. G. aus B. hat in diversen Diskussionen gehört, dass einige Winzer Naturhefen bevorzugen. Obwohl schwieriger zu handhaben, seien sie den Reinzuchthefen überlegen. Warum ist dies so? Gibt es einen Unterschied bei der Qualität oder beim Geschmack des Weines, sofern die Produzenten die eine oder andere Art von Hefen verwenden?

Das ist schon eine fast philosophische Frage, die selbst unter Winzern debattiert wird. Hefen sind kleinste Lebewesen, dank denen die Gärung überhaupt stattfinden kann. Reinzuchthefen haben den grossen Vorteil, dass sie berechenbar und gut zu kontrollieren sind. Der Gärprozess geht problemlos vor sich, ohne dass es zu einem unerwünschten Stopp kommt. Zudem ist es praktisch ausgeschlossen, dass Fehlaromen gebildet werden. Die Befürworter schwören auf die reintönigen Aromen in den Weinen. Sie sind offenbar fruchtiger und klarer, am Gaumen oft ausgewogener. Ausserdem lassen sich damit der Einsatz von Schwefeldioxid (SO_2) und das Risiko von Weinfehlern minimieren, sagt der spanische Biowinzer Josep Maria Albet i Noya. Daher sind es oft praktische Gründe, warum die Winzer diesen Typ bevorzugen. Zudem können die Kellermeister Hefestämme nach bestimmten Eigenschaften selektionieren, etwa nach der Gärkraft oder Hefen mit einer hohen Alkoholtoleranz.

Viele Winzer können mit den Versprechungen der Industrie nichts anfangen. Sie schwören auf Naturhefen, auch wilde Hefen genannt. Sie kommen natürlicherweise in den Rebbergen vor. Nicht nur das Klima, die Lage, der Boden und die Arbeit des Weinbauern machen die Typizität und Authentizität eines Weines aus, sondern auch die Hefen, die auf den Weintrauben wachsen. Die Wirkung soll darin bestehen, dass ein Wein seinen besonderen Charakter erhält und die Herkunft wiedergeben kann. Die Befürworter der wilden Hefen sind überzeugt, dass die Weine dadurch individueller und vielschichtiger sind. Sie hätten eine natürliche Strahlkraft und seien schöner in der Säure, sagt der österreichische Biowinzer Werner Michlits vom Weingut Meinklang.

Es ist für den Kellermeister klar, dass die Wahl der Hefe die Qualität des Weines entscheidend beeinflusst. Weltweit gibt es über 150 verschiedene Weinhefen. Die Forschungsanstalt Agroscope Changins-Wädenswil hat zudem herausgefunden, dass im Wein durch Hefe erzeugte Aromen existieren. Die Erkenntnis dient dazu, die Qualität der Weine weiter zu erhöhen.

Wie lange soll ein Weisswein auf der Hefe liegen?

A. H. aus S. schreibt: Immer wieder hört man von Weinspezialisten, ein Weisswein habe zu lange auf der Hefe gelegen. Dadurch sei der Geschmack negativ beeinflusst worden. Es gehe dabei um Nuancen und nicht um Gewächse, die dadurch verdorben worden seien. Was führt dazu, dass sich der Geschmack verschlechtert?

Die Praxis, den frisch vergorenen Weisswein auf dem Hefesatz zu lagern, wird zunehmend beliebter. Der Effekt dabei: Der Wein soll im Geschmack komplexer werden und einen vollen Körper erhalten. Die Lagerung auf der Hefe kann einige Wochen dauern, im Höchstfall bis zu einem Jahr. Die Hefeschicht darf nicht zu dick sein. Beträgt sie mehr als 10 Zentimeter, können durchaus leichte Gerüche von Schwefelwasserstoff entstehen. Dies riecht nach «faulen Eiern». Das mag niemand. Der Grund liegt darin, dass die Hefe bei der sogenannten Autolyse, bei der Selbstzersetzung, eine starke Reduktionswirkung aufbaut. Vielfach wird die Hefe regelmässig aufgerührt. Durch diesen Prozess, Bâtonnage genannt, kommt es zu einer Klärung, die den Wein rund und füllig macht.

Was ist Weinstein?

A. U. aus Z. fragt: Was ist Weinstein? Wie entsteht er? Welcher Prozess läuft ab, dass einige Tropfen Weinstein haben und andere wiederum nicht? Wird dadurch die Qualität der Weine beeinträchtigt?

Weinstein beschäftigt die Konsumenten. Laut einer interessanten Untersuchung, die in der Zeitschrift *Der Winzer* veröffentlicht wurde, lehnen 56 Prozent der in Österreich befragten Personen Weinstein im Wein ab. Nur 38 Prozent akzeptieren die Kristalle als natürliches Phänomen. Der Rest war ohne Urteil. Das ist doch ein erstaunliches Resultat, denn Weinstein ist etwas Harmloses und beeinträchtigt die Qualität der edlen Tropfen nicht.

Die Kristalle entstehen während der Gärung und Alterung. Dabei handelt es sich um Kaliumtartrat, das Kalisalz der Weinsäure. Ich will niemanden mit einer allzu grossen chemischen Abhandlung langweilen. Aber vielleicht ist es wichtig zu wissen, warum sich Weinstein in neuem Wein absetzt. Das Kaliumtartrat ist in Lösungen von Alkohol und Wasser (also in Wein) schwerer löslich als in reinem Wasser. Alltagsweine, die in grossen Mengen produziert werden, enthalten in der Regel viel Kalzium. In der Kellertechnik werden laufend Versuche unternommen, um den Wein besser stabilisieren und so den Ausfall von Weinstein verhindern zu können. Das macht es für die Industrie einfacher. Sonst muss den Verbrauchern erklärt werden, warum die kristallinen Ausscheidungen den Genuss nicht beeinträchtigen. Geniessen Sie auch künftig die Weine – ohne oder mit Weinstein!

Wie kommen die Aromen in den Wein?

M. G. aus K. will wissen, wie die jeweiligen Aromen in den Wein gelangen. Wie kann es sein, dass gewisse Provenienzen nach Früchten riechen oder schmecken, die in der jeweiligen Region gar nicht angebaut werden? Wie lassen sich die Unterschiede bei den einzelnen Rebsorten erklären?

Zum Glück riechen nicht alle Weine gleich. Gerade die Differenzen der einzelnen Rebsorten machen die Einmaligkeit eines Kulturgetränkes, wie es der Wein ist, aus. Die Geschmacksunterschiede beruhen auf den verschiedenen Aromenverbindungen, die in den Beeren enthalten sind. In den ungepressten Trauben liegen die Stoffe als Zuckerverbindungen vor und sind noch weitgehend geschmack- und geruchlos. Danach durchlaufen die Aromen drei Stadien. Das Primäraroma umfasst alle Fruchtgerüche, die bereits in den Beeren vorhanden und besonders im gepressten Saft wahrnehmbar sind. Je nach Sorten variieren die Noten. Beim Sauvignon blanc sind es etwa grasige, grüne Noten, Stachelbeeren, Holunder usw. Dagegen ist der Chardonnay relativ neutral. Die Muskateller-Trauben (Muscat) wiederum zählen zu den wenigen Rebsorten, deren Wein wirklich nach Trauben schmeckt. Beim Pinot noir dominieren eher rote Beeren, beim Cabernet Sauvignon wiederum Cassis und schwarze Kirschen.

Das sogenannte Sekundäraroma umfasst alle Gerüche, die während der Vinifikation und des Ausbaus entstehen. Dazu zählen die Aromen, die bei der Gärung entstehen, aber auch Hefegerüche oder Röstnoten, herrührend vom Ausbau in kleinen Eichenholzfässern. Das Tertiäraroma schliesslich umfasst alle Aromen, die sich während des komplexen Prozesses der Flaschenreifung bilden. Durch das Zusammenspiel von Sauerstoff, Säuren und Alkohol kommen neue Aromastoffe zum Vorschein. Typisch ist etwa der Petrolton, der in alten Riesling-Weinen zu finden ist.

Wann sagt man Aroma, wann Bouquet?

H. M. aus B. glaubt, dass es einen Unterschied zwischen den Bezeichnungen Aroma und Bouquet gebe. Den ersten Begriff soll man bei Weissweinen benutzen, die in einem Stahltank vergoren wurden. Bouquet dagegen soll man bei Weissen, die im Holzfass ausgebaut wurden, anwenden. Bei Rotweinen sei der Ausdruck Bouquet üblich, weil im Ausbau Zusatzstoffe aus Kernen, Stielen, Schalen sowie dem Toasting der Fässer in den Wein übergehen würden.

Der Leser liegt mit seiner Annahme richtig. Im Weinjargon ist Aroma ein nicht ganz genauer Begriff, der den relativ einfachen Geruch von Trauben, gärendem Most oder jungen Weinen bezeichnet. Bouquet oder Bukett beschreibt dagegen den Duft eines heranreifenden oder gereiften Gewächses. Es sind tatsächlich komplexere Verbindungen, die aus verschiedenen Elementen entstehen. Zu nennen sind der Verlauf der Gärung, der Ausbau in Holzfässern und die Flaschenalterung. Ich würde also den Begriff «Aroma» nicht explizit für weisse, sondern auch für rote Weine verwenden. Das Gleiche gilt für Bouquet. Aber selbst die Experten sind sich nicht einig, wann im Lebenszyklus eines Weines der Übergang vom Aroma zum Bouquet stattfindet.

Warum werden dem Wein Sulfite hinzugefügt?

M. S. aus B. konnte bei einer Besichtigung einer Weinkellerei in Argentinien mitverfolgen, wie die Beeren ausgelesen wurden und die Maische in Stahltanks abgefüllt wurde. Zudem habe der Kellermeister aus einem Kanister tröpfchenweise Sulfite beigefügt. Weshalb ist das so? Hat Schwefeldioxid für den Konsumenten allenfalls negative Konsequenzen, etwa beim Geschmack, bei der Lagerung, oder muss gar mit gesundheitlichen Beeinträchtigungen gerechnet werden?

Wenn Sie die Etikette einer Weinflasche genau anschauen, entdecken Sie die Bezeichnung «Enthält Sulfite». Sie müssen als einzige Rebensaftzutaten deklariert werden. Neu kommen jetzt die Schönungsmittel dazu. Bei den Sulfiten handelt es sich um einen Sammelbegriff für freies Schwefeldioxid, schweflige Säure und weitere ähnliche Verbindungen. Ohne Schwefel funktioniert in der Kellertechnik leider gar nichts. Er wird auch im Rebberg eingesetzt, zur Bekämpfung des Mehltaus.

Schwefeldioxid wird im Keller als Konservierungs- und Desinfektionsmittel gebraucht. Es besitzt den Vorteil, dass es mit Sauerstoff reagiert und auf diese Weise eine Oxidation verhindert. Diese hat unerwünschte Auswirkungen auf die Farbe und den Geschmack des Weines. Die Mengen, welche die Winzer verwenden dürfen, sind gesetzlich vorgeschrieben und im Laufe der Zeit reduziert worden. So beträgt in der Europäischen Union der höchstzulässige Gehalt an Schwefeldioxid für Rotwein 160 mg/Liter. Für Süssweine liegt er wegen des hohen Zuckergehalts höher (400 mg/Liter).

Der Geruch macht sich schon in sehr geringer Konzentration

unangenehm bemerkbar. Empfindliche Konsumenten reagieren darauf. Wer überreagiert, ist oft auch chronischer Asthmatiker. Sonst sollte jedoch Schwefeldioxid im Bereich der zulässigen Dosierungen keine negativen Auswirkungen haben, weder auf die Qualität noch auf die Lagerung der Weine. Im Gegenteil: Dadurch werden die edlen Tropfen haltbarer. Auch die Gesundheit ist nicht gefährdet, weil die von der EU aufgestellten Normen als sehr streng gelten. Es gibt Versuche, Wein ohne Zusatz von Schwefeldioxid zu erzeugen. Doch die Praxis hat gezeigt, dass diese Produkte ziemlich oxidationsanfällig sind und oft unerwünschte Nebengerüche zeigen. Sie sind auf wilde Hefen und Bakterien zurückzuführen. Ein kleiner Rat: Trinken Sie weiterhin (guten) Wein, ohne schlechtes Gewissen, aber mit Mass.

Führt Histamin im Wein zu Unverträglichkeiten?

R. S. aus P. war wegen einer Hautschwellung beim Arzt. Er habe gesagt, dass Histamin die Ursache sei. Der Inhaltsstoff käme besonders in Weissweinen vor. Ist es tatsächlich so, dass Weisse generell mehr Histamin als rote Tropfen enthalten? Oder gibt es Rebsorten, die besonders viel Histamin enthalten?

Vielfach, aber nicht immer handelt es sich um Histamin, das Allergien auslösen kann. Der Stoff wird beim biologischen Säureabbau durch Milchsäurebakterien, bei der zweiten Gärung, erzeugt. So vermuten es jedenfalls die Forscher. Kommt Histamin in grösseren Mengen vor, kann der Stoff vor allem Kopfschmerzen auslösen. Ob er auch die Ursache für Hautschwellungen ist, kann ich nicht beurteilen. Die meisten Patienten, bei denen Histamin-Intoleranz vorliegt, können mit Medikamenten unter Umständen erfolgreich behandelt werden.

Histamin kommt in Rotweinen vor. Denn bei diesen Gewächsen findet der biologische Säureabbau, also die Umwandlung der Apfel- in die Milchsäure, statt. Die höchsten Konzentrationen weisen schwere, gut gereifte Rotweine auf, etwa Bordeaux oder Shiraz aus Australien. Die Werte schwanken von Jahrgang zu Jahrgang, von Weingut zu Weingut. Weissweine enthalten wenig oder gar keine Histamine. Es lässt sich jedoch keine allgemeingültige Regel aufstellen, welche Weine eine Unverträglichkeitsreaktion auslösen. Laut der Forschungsanstalt Agroscope Changins-Wädenswil gibt es keine systematischen Untersuchungen, die aufzeigen, welche Weine verträglich sind oder nicht. Wer betroffen ist, hat keine andere Wahl, als selber herauszufinden, was für ihn bekömmlich ist.

Sind Chemikalien im Wein enthalten?

E. P. aus Z. hat sich schon öfters gefragt, ob die im Rebberg applizierten Chemikalien oder deren Restbestände nicht im Wein enthalten seien. Vor allem in Südfrankreich würde die Ernte der Trauben offenbar ohne Waschvorstufe direkt in die Genossenschaftspressen gekippt. Gibt es entsprechende Untersuchungen? An sich sei der Wein ja ein sauberes Nahrungs- und Genussmittel, zumindest für das Auge …

Diese Bedenken dürfen nicht einfach vom Tisch gewischt werden. Ich muss es gleich vorweg nehmen: Ohne Chemie im Weinberg läuft leider gar nichts. Wer die Schädlinge, Krankheiten und das Unkraut bekämpfen will, muss entsprechende Mittel einsetzen. Bedauerlicherweise achten nicht alle Produzenten auf einen wirtschaftlich vernünftigen und umweltverträglichen Einsatz. Zudem sind die Produkte nicht ganz günstig. Gewisse Grossproduzenten kennen trotzdem keinerlei Hemmungen.

Immer wieder hört man, dass etwa Pestizidrückstände in Weinen entdeckt wurden, sei es in Frankreich, Italien, Südafrika oder Australien, um nur einige Länder zu nennen. Die Stoffe stammen meistens aus dem Arsenal der Agrochemie. Die grossen Erzeuger wickeln ihre Fabrikation nach industriellem Muster ab, von Handarbeit keine Spur. Ich würde also vorsichtig sein beim Kauf von Weinen, die von solchen Gütern stammen.

Man darf selbstverständlich nicht alle in den gleichen Topf werfen. So bemüht sich etwa die kalifornische Kellerei Fetzer schon seit Jahren um einen nachhaltigen Weinbau. Immer mehr Produzenten, vor allem Kleinbetriebe, steigen um und produzieren nach biologisch oder gar biologisch-dynamischen Methoden. Doch auch sie kommen nicht ohne Chemie aus. Im biologisch-dynamischen Weinbau, dessen Vorschriften vorsehen, dass von aussen zugeführte Mittel auf ein Minimum zu reduzieren sind, ist etwa der Einsatz von Kupfersulfat erlaubt. Bio heisst zwar nicht zwingend gut, aber der Konsument hat es in der Hand, jene Weine auszuwählen, welche die Umwelt nicht allzu stark belasten.

Welche Rolle spielt der Sauerstoff im Wein?

C. B. aus Z. hat gleich eine Vielzahl von Fragen: Was ist davon zu halten, dass der französische Önologe Michel Rolland mit Sauerstoff arbeitet? Was bewirkt der Sauerstoffprozess in der gesamten Vinifikation? Mutiert der Wein durch diese Behandlung zu einem Kunstprodukt? Beizufügen wäre die Tatsache, dass Rolland Hunderte von Weingütern in aller Welt betreut. Ist daher nicht zu befürchten, dass sich dadurch die Weine im Stil angleichen? Und der Konsument merkt nichts davon …

Die angesprochene Problematik lässt sich wohl nicht in einigen Sätzen beantworten. Hinter der Technik des Sauerstoffeinsatzes steht der Grundgedanke, dass jeder Wein in einem höheren oder geringeren Masse Sauerstoff benötigt. Die sogenannte Mikrooxidation erlaubt es dem Kellermeister respektive dem Önologen, Sauerstoff in der gewünschten Dosierung und kontrolliert dem Wein während den verschiedenen Produktionsprozessen zuzuführen. Wird allerdings zu viel beigegeben, kann der Rebensaft oxidieren und wird dadurch ungeniessbar.

Önologen wie der Franzose Michel Rolland waren die ersten, die diese Methode angewandt haben. Das Verfahren wird von Experten durchaus als intelligent bezeichnet, ist aber keinesfalls als Wundermittel zu verstehen. Ohne perfekt ausgereifte Trauben aus einer guten Lage lässt sich auch mit Mikrooxidation kein hochwertiger Wein herstellen. Die Methode bewirkt, dass der Wein beispielsweise geschmeidiger, farbstabiler wird und die Gerbstoffe runder werden. Man kann es drehen, wie man will: Auch beim Wein lässt sich die Technik nicht aufhalten. Es besteht durchaus die Gefahr, dass der

Wein zu einem Kunstprodukt verkommt, zum Teil ist er es schon geworden. Aber es gibt (noch) genügend Winzer, die ihren Beruf als Handwerk verstehen und die so wenig wie möglich in den gesamten Vinifikationsprozess eingreifen. Nur so werden möglichst naturbelassene, den Ursprung wiedergebende Gewächse produziert, die etwas mehr kosten als industriell gefertigte Massenware.

Ich sehe durchaus Gefahren, wenn der gleiche Önologe mehrere, ja Dutzende von Weingütern berät. Es lässt sich nicht wegdiskutieren, dass dadurch die Weine uniformer werden, sich mehr oder weniger angleichen, egal woher sie kommen. Und das kann nicht das Ziel sein, zumindest meiner Vorstellung nach, wie gute Gewächse riechen und schmecken sollen.

Warum werden die Weine immer alkoholreicher?

P. K. aus Z. hat eine Frage zu einem Thema, das viele Konsumenten beschäftigt. Sie will wissen, warum der Alkoholgehalt von Weinen tendenziell zunehme. Handelt es sich lediglich um eine Modeerscheinung oder ist ein längerfristiger Trend festzustellen?

Ein Faktum lässt sich nicht aus der Welt wegdiskutieren: In vielen Weinbauregionen sind die durchschnittlichen Alkoholwerte der Weine in den letzten 10, 20 Jahren gestiegen. Wer heute ein Gewächs mit 12,5 Prozent erzeugt, ist schon fast zu einem Exoten geworden. Christian Zündel, ein begnadeter Winzer aus dem Tessin, sucht diesen Weg und ist überzeugt davon, dass die Zukunft solchen Weinen gehört. Er erntet bewusst etwas früher, wenn die Trauben noch nicht zu viel Zucker enthalten und lässt vielleicht auch etwas mehr hängen. Der Alkoholgehalt hängt vom Zuckergehalt in den Trauben ab: Je mehr Zucker, desto höher ist der Alkohol. Der Zucker ist nur ein Parameter für die perfekte Reife der Traube. Der ideale Zeitpunkt ist dann erreicht, wenn die sogenannte physiologische Reife erreicht ist, also wenn die Balance von Zucker und Säure stimmt.

Der Trend zu mehr Alkohol hat verschiedene Ursachen. Er hat sicher mit dem Konsumentengeschmack zu tun. Die Weintrinker wünschen volle, üppige, fruchtbetonte Weine, die jederzeit rund und harmonisch wirken. Eine entscheidende Rolle spielt auch die Klimaerwärmung. Mit höheren Temperaturen werden die Trauben reifer und enthalten dadurch mehr Zucker. Somit steigt der Alkoholgehalt automatisch. Die Winzer lassen die Früchte möglichst lange an den Rebstöcken hängen, um reife Trauben ernten zu können. Manchmal wird zu viel des Guten getan: Überreife, schon leicht rosinierte Trauben erhöhen den Alkoholgehalt zusätzlich. Einen Beitrag leistet zudem die moderne Kellertechnik. Mit Konzentrationsmaschinen werden die Weine dichter, mit Vakuumverdampfung kann Wasser entzogen werden.

Die Entwicklungen sind nicht nur positiv. Solcherart produzierte Weine wirken oft marmeladig, üppig, konzentriert, mit einer tiefen Farbe versehen. Oft fehlt die entsprechende Säure, was die Sache nochmals verschlimmert. Die alkoholreichen Gewächse überzeugen beim ersten Schluck. Aber schon nach einem oder zwei Gläsern hat man genug. Es lässt sich nicht abstreiten, dass solche Weine gerade bei Blind-Verkostungen obenaus schwingen. Ein filigranes, elegantes Beispiel hat in einer Serie von 40 oder 50 Weinen gar keine Chance, aufzufallen und auf einem vorderen Platz zu landen. Die Ernüchterung tritt erst später ein. Da diese Weine den Gaumen schnell ermüden, ist glücklicherweise wieder ein Gegentrend festzustellen. 12 oder 13 Prozent Alkohol ist plötzlich wieder ein Qualitätsmerkmal – wie vor 20, 30 Jahren, als solche Tropfen erzeugt worden sind und bewiesen haben, dass sie sehr gut reifen, zumindest die Besten von ihnen.

Warum haben viele Weine eine so tiefe Farbe?

U. B. aus H. stellt fest, dass die heutigen, modern vinifizierten Weine sehr oft eine tiefe Farbe aufweisen und es sich gleichzeitig um üppige Geschmacksbomben mit einem hohen Alkoholgehalt handelt. Beim Trinken würden ihm solche Gewächse oft nach dem ersten Glas widerstehen, zumal er vorübergehend eine komplett schwarze Zunge habe. Wie ist es zu dieser Entwicklung gekommen?

Wenn Sie einen Wein degustieren, fällt zuerst einmal zwangsläufig die Farbe auf. Produkte, die durch eine tiefdunkelrote, fast schon schwarze Farbe auffallen, haben zumindest optisch gesehen einen Vorteil. Es lässt sich nicht abstreiten, dass die Weine dadurch in Blindverkostungen meistens besser bewertet werden als eher blassfarbene Beispiele. Die modernen Techniken und Hilfsmittel ermöglichen es, jedem Wein in jedem Jahr eine gewisse Farbintensität zu geben. Ob das im Interesse der Qualität geschieht, ist wiederum eine ganz andere Frage.

Es gibt Trauben, die von Natur aus mehr Farbe abgeben, etwa Cabernet Sauvignon und Syrah/Shiraz. Andere wiederum können damit nicht mithalten: Pinot noir oder Nebbiolo etwa, die mit einer relativ blassen Farbe gut zu identifizieren sind. Ich finde es bedenklich, dass die zuletzt genannten Rebsorten deswegen vielfach mit einem Makel behaftet sind. Die Farbe allein kann kein negatives Qualitätsmerkmal sein. Etliche Geniesser bevorzugen glücklicherweise Weine mit helleren Farben. Das macht Hoffnung!

Wer farbintensive Weine trinkt, bekommt zwangsläufig eine schwarze Zunge. Das ist nicht schlimm. Weitaus schlimmer ist die

Tatsache, dass die tieffarbenen, üppigen, holzlastigen und alkoholreichen Fruchtbomben offensichtlich von den Konsumenten verlangt werden. Würden sie nicht mehr oder weniger häufig nachgefragt, würden die Produzenten zwangsläufig umstellen.

Wie lässt sich der Wein konservieren?

M. B. aus B. schreibt, es könne leider vorkommen, dass man einen Wein im Anbruch für einen weiteren Tag lagern müsse. Es gebe verschiedene Möglichkeiten, um dies zu tun: mit einer Vakuumpumpe, einem CO_2-Spender usw. Welche Methode eignet sich am besten und warum?

Normalerweise sollte ein (guter) angebrochener Wein problemlos auch am nächsten Tag zu geniessen sein. Die Flasche ist mit Vorteil im Kühlschrank aufzubewahren. Allerdings gibt es edle Tropfen, die auf Sauerstoff anfälliger sind. Bekommt der Wein zu viel davon ab, führt der Prozess zur Oxidation und damit zum Ende des Weines. Mir sind zwei Methoden bekannt, die sich zur Konservierung bewährt haben. Zum einen spritzt man ein Gas, meistens Stickstoff, in die Flasche. Damit bildet sich eine Schicht, und der Wein ist gegen Sauerstoff geschützt. Die Flasche sollte sich ohne Probleme zwei, drei Tage halten, ohne Qualitätsminderung notabene. Zum anderen, als zweite Möglichkeit, empfehle ich Ihnen, eine sogenannte Vakuumpumpe zu verwenden. Damit wird dem Wein der meiste Sauerstoff entzogen.

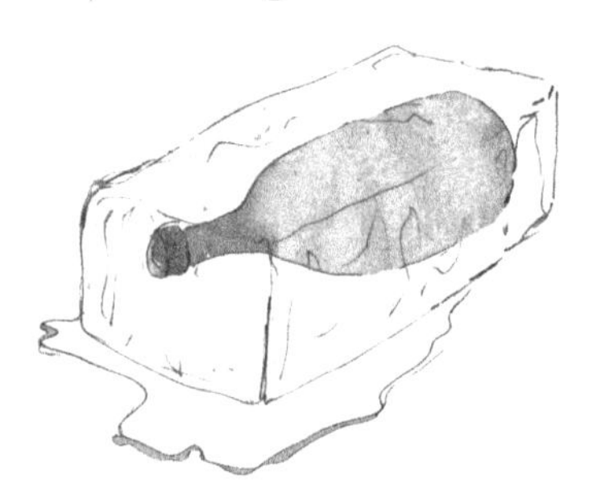

Woher stammen die Tannine im Rotwein?

L. C. aus R. will wissen, wie hoch im Rotwein der Anteil an Tannin vom Eichenfass im Verhältnis zu jenen Gerbstoffen sei, die aus den Trauben stammen. Gibt es irgendwelche Angaben, Messungen oder Untersuchungen, die Rückschlüsse auf diesen Anteil zulassen? Für den Leser ist der Barrique-Ausbau, vor allem bei Pinot-noir-Weinen, meistens problematisch und mache nur bei wirklich grossen Gewächsen Sinn.

Die Tannine oder Gerbstoffe in einem Wein kommen aus den Kernen, Schalen und Stielen der Trauben. Je mehr von diesen Elementen an der Weinbereitung beteiligt sind, desto höher ist folglich der Anteil im Wein. Die Qualität und die Menge des Gerbstoffs sind durchaus ein Merkmal und entscheiden über den Weintyp. Es gibt Rebsorten, die besonders tanninreich sind. Dazu gehören beispielsweise Cabernet Sauvignon, Nebbiolo und Tannat. Ein kleiner Anteil der Tannine stammt auch aus dem Holz. Leider übertreiben es viele Winzer mit dem Ausbau in der Barrique. Das kleine Holzfass sollte lediglich zur Unterstützung eingesetzt werden. Die Tannine spielen eine wichtige Rolle bei der Reifung des Weines. Als allgemeine Regel gilt: Je mehr, umso länger hält der Wein. Genaue Zahlen, wie hoch der Anteil aus der Traube respektive aus dem Holz ist, kann ich Ihnen nicht liefern. Was ich Ihnen jedoch sagen kann: Ich trinke lieber Wein als Holzsaft.

Enthalten Weissweine auch Gerbstoffe?

T. M. aus B. fragt kurz und bündig: Kommen in Weissweinen auch Gerbstoffe vor?

Bei der Bereitung von weissen Weinen spielen die Kerne, Schalen und Stiele der Trauben keine entscheidende Rolle – im Gegensatz zu den roten (siehe vorangehende Frage). Somit ist auch der Gehalt an Gerbstoffen sehr gering. Einen guten Weissen zeichnen Frucht und die auf die Säure zurückzuführende Frische aus. Es gibt Provenienzen, die in kleinen Holzfässern, den Barriques, ausgebaut und gereift werden. Das Holz beeinflusst den Wein ebenfalls, wenn auch in einem relativ geringen Mass. Vor allem edle Tropfen aus Chardonnay werden auf diese Art und Weise gekeltert. Die Mehrheit der Weissweine dagegen sieht nie Holz oder allenfalls nur grosse Fässer, die jedoch keine Aromen an den Wein abgeben.

Welche Bedeutung spielt die Holzart bei der Barrique-Herstellung?

R. L. aus Z. schreibt, dass Barrique-Weine oft in französischer Eiche ausgebaut würden. Eichenwälder gebe es auch in anderen Ländern. Würde man den Unterschied von verschiedenen Hölzern herausschmecken? Fertigen die Küfer auch Weinfässer aus anderen Bäumen an? Was geschieht mit den ausgedienten Behältnissen?

Eine Barrique ist nicht gleich eine Barrique. Das Holzfässchen hat in den letzten Jahrzehnten zunehmend an Popularität bei Winzern und Konsumenten gewonnen. Der berühmteste aller Typen ist die relativ schlanke Barrique bordelaise mit einem Inhalt von 225 Litern. Sie wird aus französischer Eiche gefertigt, etwa aus Allier-, Limousin- oder Nevers-Hölzern. Das harte, geschmeidige und wasserdichte Holz eignet sich besonders gut für den Ausbau namentlich von Rotweinen. Es ist leicht zu bearbeiten und fördert die Klarheit und Stabilität des Weines. Zudem verleiht es ihm eine zusätzliche Komplexität.

Auch in Mittel- und Osteuropa sind Wälder mit Eichenholz zu finden. Etliche Produzenten haben damit experimentiert und dabei festgestellt, dass sich das Holz recht gut für die Lagerung des Weines eignet. Auch Schweizer Eiche wird verwendet. Die Küferei Schuler in Seewen sagt, wo guter Wein wachse, wachse auch gute Eiche. Optisch ist kein Unterschied zu anderen Hölzern festzustellen. Geschmacklich verströmt Schweizer Eiche einen wunderbaren Duft und ist feiner als französisches Holz. Bekannte Winzer wie Christian und Francisca Obrecht aus Jenins (GR) oder Urs Pircher aus Eglisau (ZH) unternehmen entsprechende Versuche – mit einigem Erfolg.

Es braucht viel Übung, um degustativ den Unterschied zwischen den unterschiedlichen Hölzern herauszuspüren.

Etwas anders sieht es bei Weinen aus, die in amerikanischer Eiche reifen. Sie weist einen deutlich intensiveren und süsslicheren Geruch als französische Eiche auf und riecht vor allem nach Vanille. Das Holz ist oft auch stärker adstringierend, das heisst, die aus dem Holz stammenden Tannine verursachen ein im Mund zusammenziehendes Gefühl. Der Preis liegt um einiges tiefer, was etliche Produzenten dazu verleitet, auf amerikanisches Holz auszuweichen. In der Regel werden die Fässer bis zu zwei- oder dreimal verwendet. Nachher kommen sie als Lagerbehältnis für Sherry oder Whisky zum Einsatz.

Barriques werden mehrheitlich aus Eiche produziert. Die Küferei Schuler unternimmt jedoch Versuche mit Kastanien- und Akazienhölzern. Ihr Küfermeister bedauert, dass in seinem Handwerk zu wenig experimentiert werde.

Wie werden Weine mit einem Holzfassausbau deklariert?

P. M. aus B. schreibt, dass Weine mit einer Eichenfasslagerung eine spezielle Note erhalten. Damit diese auch auf dem Etikett vermerkt werden dürfe respektive vom Konsumenten wahrgenommen werde, sollte ein Fass nicht hundert Mal gebraucht werden. Gibt es diesbezüglich entsprechende Empfehlungen? Wie lauten sie?

Die Winzer verwenden ganz unterschiedliche Fasstypen. Behältnisse von mehr als 1000 Litern werden öfters gebraucht als solche mit einem kleinen Volumen. Die grossen Fässer geben praktisch keine Holznoten ab. Sie sind auch nicht erwünscht. Die Behältnisse dienen lediglich für die Gärung des Weines und/oder Lagerung der Weine. Mir sind keine konkreten Empfehlungen bekannt. Dies hängt vom einzelnen Produzenten ab. Etwas anders sieht es bei den Barriques aus. Neue Fässchen sollten nur dann verwendet werden, wenn es sich wirklich um einen aussergewöhnlichen Wein aus einem ausgezeichneten Jahr handelt. Sonst dominieren die Holznoten zu stark. Meistens wird eine Kombination von verschiedenen Typen eingesetzt, neue, einmal gebrauchte, zweimal gebrauchte. Weinbauern gehen vermehrt dazu über, etwas grössere Barriques einzusetzen, 300 oder 500 statt 225 Liter. Öfters ist auf der Etikette nachzulesen, wie der Wein ausgebaut worden ist.

Welche Wirkung entfalten Holzspäne?

H. F. aus H. stellt fest, dass in vielen Weinen aus Übersee die Holznoten aus der Verwendung von frischen Holzspänen stammen würden. Gibt es einen Nachweis für diese Form von «Schönung» der Produkte? Welchen Einfluss haben Holzspäne auf die Weinqualität?

In der Kellertechnik werden sehr oft Eichenspäne eingesetzt. Das Material hat gegenüber den Holzfässchen einen entscheidenden Vorteil: Es ist wesentlich billiger (mehr als 20-mal) als eine Barrique, die rund 1000 Franken pro Einheit kostet. Die Späne können wie die Fässer unterschiedlich stark geröstet werden. Die Qualität ist jedoch nicht mit dem Ausbau in der Barrique zu vergleichen. Zwar geben die Holzspäne den von vielen Konsumenten gewünschten Eichengeschmack ab. Aber der «Ausbau» mit Spänen führt mitnichten zur gleichen Komplexität und Alterungsfähigkeit des Produkts. Vor allem bei günstigeren Weinen setzen die Produzenten auf Eichenspäne. Eine weitere Alternative sind Holzbretter. Diese sogenannten «inner staves» werden in einen Edelstahltank eingeführt, in dem der Wein vergoren und gelagert wird. Man erzielt damit den gleichen Effekt wie mit Eichenspänen.

Leider ist auf der Weinetikette nicht immer ersichtlich, wie ein Wein ausgebaut worden ist. Diese fehlende Deklaration liegt nicht im Interesse der Konsumenten. Wenn indessen von «Eichenholzeinfluss» oder «Eichenholzreifung» die Rede ist, darf davon ausgegangen werden, dass das Weingut Späne und nicht Fässer verwendet hat.

Was bedeutet «unfiltered Shiraz»?

M. J. aus R. hat einen Shiraz des australischen Weinguts Ben Graetzer getrunken. Auf der Flasche stehe gut lesbar «unfiltered». Was ist damit gemeint? Worin liegt der Unterschied zwischen einem ungefilterten und einem gefilterten Wein?

Ein Wein wird grundsätzlich filtriert, um feste Partikel zu entfernen. Bei qualitativ hochwertigen Tropfen wie dem genannten Shiraz ist dieser Prozess eigentlich gar nicht notwendig. Der Wein reifte wohl in Barriques und wurde während dieser Zeit mehrmals umgezogen, das bedeutet, er wurde sorgfältig von einem Fass ins andere umgefüllt. Mit dieser Methode wollen die Winzer verhindern, dass ein Teil des Geschmacks verloren geht. Ohne Filtration sind die Weine zudem komplexer und langlebiger.

Hinter dem Verfahren stehen aber auch einige Gefahren. Wenn im Keller nicht genügend sorgfältig gearbeitet wird, kann der Wein mikrobakteriell verunreinigt und instabil werden. Im Extremfall muss ihn der Winzer ausleeren. Bei ungefilterten Gewächsen bleibt im Laufe der Zeit ein stärkerer Bodensatz (Depot) übrig als bei einem gefilterten Beispiel. Qualitativ ist dies überhaupt kein Nachteil. Schauen Sie einfach, dass Sie den Wein vorsichtig einschenken oder ihn allenfalls dekantieren. So wird das Depot vom Flüssigen getrennt.

WEINGENUSS

Wie lange bleibt ein Wein genussfähig?

J. S. aus M. will wissen, wie man eigentlich den Beginn und das Ende der Genussfähigkeit eines Weines berechne. Was bedeutet zum Beispiel «zu trinken zwischen 2015 bis 2030»? Ändern sich diese Angaben im Laufe der Jahre oder bleiben sie mehr oder weniger konstant?

Es ist erstaunlich, mit welcher Selbstverständlichkeit Händler und Weinkritiker eine Angabe zur voraussehbaren Alterungs- und Genussfähigkeit eines Weines machen. Leider oder glücklicherweise gibt es keine mathematische Formel, die diese vorhersagen kann. Eine genaue Berechnung existiert nicht. Wein ist ein Naturprodukt und verändert sich im Laufe der Zeit. Bei den angegebenen Daten handelt es sich um eine mögliche Zeitspanne, in der man den betreffenden Wein geniessen sollte. Es ist keineswegs voraussehbar, ob man den «richtigen» Zeitpunkt erwischt, also den Höhepunkt, auf dem sich der Wein befinden soll.

Die Alterungsfähigkeit differiert je nach Rebsorte. Cabernet Sauvignon beispielsweise braucht wegen ihrer Gerbstoffstruktur allenfalls Jahre, ja Jahrzehnte, bis sie reif ist. Andere Sorten wie Gamay oder Dolcetto verfügen nicht über das Potenzial, sich im Alter zu verbessern. Allgemein lässt sich sagen, dass sich junge Gewächse von einer bestimmten Qualität stets frucht- und allenfalls auch tanninbetont zeigen. Nach einer gewissen Zeit verschliessen sie sich wieder, um nach vielleicht drei, vier Jahren wieder aufzublühen. Wann die perfekte Reife überschritten ist, lässt sich ebenfalls nicht exakt voraussagen. Dem geneigten Geniesser bleibt eigentlich nichts anderes übrig, als selber den Prozess zu verfolgen: Öffnen Sie eine

Flasche in verschiedenen Phasen und verkosten Sie den Wein. Dies bedingt natürlich, dass man mindestens eine 6er-Holzkiste oder einen -Karton im Keller besitzt. Noch besser sind natürlich zwölf Flaschen des gleichen Weines.

Trinkt man heute Weine jünger als vor einer Dekade?

T. S. aus Z. fragt, ob man heute die Weine in einem jüngeren Stadium trinke als noch vor 10, 20 Jahren. Ihm falle auf, dass das Sortiment der Grossverteiler und Weinhändler vor allem aus jungen Gewächsen bestehe. Er habe gelesen, dass eine Lagerung zu Hause eigentlich nicht mehr notwendig sei. Heute würden die Weine trinkbereit im Regal stehen. Reift der Wein heute schneller dank einer speziellen Technik?

Die Beobachtung des Lesers trifft durchaus zu. Naturgemäss stehen meistens die frisch abgefüllten Jahrgänge in den Weinregalen. Die Händler sind an einem schnellen Umschlag der Ware interessiert. Bleiben die Flaschen zu lange liegen, fallen Kosten an. Es lässt sich nicht leugnen, dass die Konsumenten die Weine kaufen und gleich nachher trinken. Das Verhalten ist auf verschiedene Faktoren zurückzuführen. Die meisten Kunden verfügen heute nicht mehr über einen geeigneten Keller für die Lagerung. Viele zeigen zudem wenig Geduld, die Weine noch ein paar Monate oder gar Jahre auf die Seite zu legen. Die Schnelllebigkeit der modernen Zeit fördert eine wenig erfreuliche Entwicklung: Geniesse jetzt und nicht morgen.

Die Winzer und die grossen Erzeuger passen sich den neuen Konsumgewohnheiten an. Sie vinifizieren Weine dergestalt, dass keine längere Lagerung mehr nötig ist. Die Produkte sind fruchtbetonter und verfügen von Beginn weg über runde Tannine. Unabhängig von den Produktionsmethoden bleibt zu erwähnen, dass die Mehrheit der weltweit produzierten Weine, wohl über 80 Prozent, für einen relativ schnellen Genuss bestimmt ist und über keine Anlagen verfügt, sich im Laufe der Jahre zu entwickeln. Nur wirkliche Spitzenweine, etwa ein sehr guter Bordeaux oder Burgunder, ein Barolo aus dem Piemont oder ein Shiraz aus Australien, können reifen und im Laufe der Jahre einen grösseren Genuss bereiten.

Was bedeutet der Charakter eines Weines?

A. Z. aus B. hatte einen Disput um einen Wein. Sein Gesprächspartner habe ihn höflich darauf aufmerksam gemacht, dass er den Begriff «Charakter» falsch gebrauche. Darunter seien lediglich der Alkoholgehalt und der entsprechende Eindruck am Gaumen zu verstehen. Der Leser dagegen meint, darunter sei die Gesamtwirkung eines Weines am Gaumen zu verstehen. Wer hat recht?

Der Leser spricht eine interessante Diskussion an. Führen wir uns vorerst vor Augen, aus welchen Elementen ein Wein besteht. Wichtig sind Frucht, Säure, Tannin. Jeder Wein besitzt zudem einen Körper. Er ist umso schwerer, je mehr Alkohol enthalten ist. Der Grossteil eines Gewächses besteht aus Wasser. Je intensiver, je komplexer ein Wein in der Nase und im Gaumen wirkt, desto wertvoller ist der Inhalt im Glas.

Wenn alle Elemente in sich stimmen und die Herkunft als solche erkennbar ist, ist die Qualität hoch. Treffen diese Eigenschaften zu, so spreche ich von einem charaktervollen Wein. Bei billigen Produkten sieht es anders aus. Da bleibt von den Eigenschaften, die einen spezifischen Wein auszeichnen, meistens nicht viel mehr übrig als einfach «Traubensaft mit Alkohol». Diese Kategorie interessiert Weinfreunde weniger. Gerade die vielen Facetten eines Weines machen das Thema so faszinierend. Ich hoffe, dass es vielen Geniessern genau gleich ergeht. Lieber ein, zwei Flaschen weniger, dafür umso charaktervollere Weine: Lassen Sie sich auf die faszinierende Welt der edlen Tropfen ein!

Welches ist die ideale Serviertemperatur für einen Pinot noir?

M. H. aus G. fragt, welches die ideale Serviertemperatur für einen Hüttwiler Pinot noir Barrique des Thurgauer Weingutes Jäger sei. Normalerweise würden die Ostschweizer Weine ja eher kühl getrunken. Trifft dies auch für den im kleinen Holzfass ausgebauten Rotwein zu?

Ich nehme diese Frage zum Anlass, generell einige Tipps zu Serviertemperaturen von Weinen zu geben. Sie üben in der Tat einen entscheidenden Einfluss darauf aus, wie der Wein riecht und schmeckt. Der Leser geht von der richtigen Annahme aus, dass fruchtbetonte, süffige Blauburgunder, auch unter dem Synonym Pinot noir bekannt, ohne Holzausbau relativ kühl getrunken werden. 12 bis 14 Grad Celsius stellen einen guten Wert dar. Ein Barrique-Wein von der gleichen Sorte, vor allem in jüngeren Jahren, darf durchaus etwas wärmer, bei 15, 16 Grad aufgetischt werden.

Heute sind die guten Stuben gut geheizt. Da lohnt es sich generell, die Rotweine nicht allzu früh bereitzustellen. Sie erwärmen sich relativ schnell. Und ein Gewächs mit mehr als 20 Grad bereitet wenig Spass. Die ideale Temperatur für einen hochwertigen, vielleicht schon gereiften Wein liegt bei 18 Grad. Andere Regelungen gelten für weisse Weine. Beispiele für den Alltag sollten zwischen 8 und 10 Grad Celsius getrunken werden. Trockene, komplexe Weine, wie etwa einen weissen Burgunder, trinke ich zwischen 12 bis 14 Grad. Süssweine würde ich ebenfalls bei diesen Temperaturen servieren.

Wann verschliessen sich Rotweine?

T. J. aus M. schreibt, dass sich Bordeaux-Weine nach der Fruchtphase für einige Jahre verschliessen. Gilt dieser Prozess auch für andere lagerfähige Rotweine? Der Leser nennt als Beispiele die spanischen Spitzenweine Alion und Pintia, die zum weltberühmten Hause Vega Sicilia gehören. T. J. hat festgestellt, dass diese Weine nach zwei, drei Jahren wenig zugänglich gewesen seien, nachdem diese zu Beginn wesentlich mehr Trinkspass bereitet hätten.

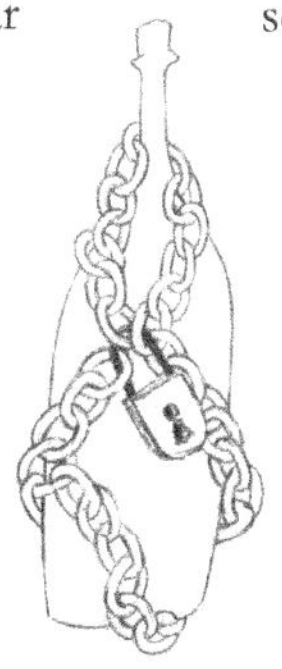

Ausgezeichnete Rotweine, die sich zur Lagerung eignen, durchlaufen verschiedene Phasen. Nach der Abfüllung zeigen sie sich meistens sehr offen und bereiten in der sogenannten Fruchtphase viel Trinkvergnügen. Meistens verschliessen sie sich nach zwei, drei Jahren und befinden sich dann während einer bestimmten Zeit in einer unzugänglichen Phase. Önologen und andere Weinfachleute wissen zwar sehr viel über den Reifeprozess alterungswürdiger Rotweine. Aber die Experten können den Zeitpunkt, wann die edlen Tropfen die volle Reife erreicht haben, ebenso wenig genau voraussagen wie jene Phasen, in denen die Weine weniger Trinkspass bereiten. Ich kann weder für die genannten spanischen Spitzenweine noch für hochkarätige Bordeaux exakte Regeln aufstellen. Aber zwei, drei Jahre nach der Fruchtphase dürfte die Wahrscheinlichkeit am grössten sein, dass sich der Wein verschlossen zeigt. Nach vielleicht zwei, drei Jahren sollte er sich langsam wieder öffnen. Ich rate Ihnen, in bestimmten Zeitabständen eine Flasche der besagten Weine zu öffnen und diese dann zu degustieren. Dies bedingt natürlich, dass Sie eine 6er- oder 12er-Kiste zur Verfügung haben – nicht immer eine besonders kostengünstige Angelegenheit!

Wie riecht ein Wein?

H. J. H. aus T. liest stets mit einigem Befremden die blumigen Beschreibungen der Weinkritiker. Er könne aber in einem Wein relativ selten wirklich Schokolade, Waldboden, Leder oder Pflaume herausschmecken. Warum riecht ein Wein nicht nach Trauben, sondern nach Früchten, Beeren oder Hölzern? Wäre es nicht einfacher, man würde einen Wein auf einer Punkteskala einordnen und klassifizieren? Oder Empfehlungen abgeben, ob der Wein zu einem Essen getrunken werden soll oder nicht?

Diese spannende Frage lässt sich nicht in Kürze beantworten. Einen Versuch wage ich dennoch. Weine aus den verschiedensten Rebsorten unterscheiden sich in erster Linie durch den Duft. Er setzt sich aus Hunderten von Inhaltsstoffen zusammen, die in unterschiedlichen Konzentrationen und Kombinationen vorkommen. Eigentlich handelt es sich um flüchtige Verbindungen, die mit der Nase wahrgenommen werden. Mit der Reife, und darin liegt das Faszinierende am Wein, verändern sich die Aromen. Die primären Fruchtaromen gehen über in sogenannte sekundäre und im fortgeschrittenen Alter gar tertiäre Noten.

Es liegt auf der Hand, dass der Phantasie eines Degustators fast keine Grenzen gesetzt sind. Wenige Gewächse riechen wirklich nach Trauben, vielleicht einmal vom Muskateller abgesehen. Für mich ist es nicht so entscheidend, ob ein Wein mehr nach Brombeeren, Pflaumen oder Erdbeeren duftet. Wesentlicher ist die Tatsache, dass ein (guter) Wein ein komplexes, intensives Bouquet verströmt. Ist nichts vorhanden, so kann man relativ einfach auf einen qualitativ schlechten oder mittelmässigen Wein schliessen.

Gerade unter Weinkritikern und -freaks gibt es einige, die mit möglichst blumigen Beschreibungen die Anwesenden oder Leser beeindrucken wollen. Auch Händler hoffen natürlich, auf diese Art ihre Produkte verkaufen zu können. Davon würde ich mich nicht allzu stark beeindrucken lassen und vielmehr auf das eigene Urteil vertrauen. Neben dem Bouquet oder der «Nase» spielen weitere Elemente bei der Beurteilung eine wesentliche Rolle: Frucht, Gerbstoffe, Säure, Länge. Ein Wein erschliesst sich anders, wenn er für sich alleine, in einer Reihe von anderen Weinen oder zusammen mit einer Mahlzeit genossen wird. Oft wird man einem filigranen Gewächs nicht gerecht, wenn es «nur» verkostet wird. Ich rate Ihnen, die Weine bewusst zu degustieren. Versuchen Sie, gewisse Merkmale herauszufinden. Mit etwas Übung erzielen Sie bald Fortschritte.

Was bedeutet der Ausdruck, wenn ein Wein «nach weissen Blüten duftet»?

S. L. aus B. will wissen, wie Weissweine charakterisiert werden. Manchmal heisse es, dass der Wein nach weissen Blüten dufte. Welche Blüten könnten gemeint sein? Von bestimmten Blumen oder Gehölzen? Der Leserin scheinen solche Beschreibungen recht allgemein und beliebig vorzukommen.

Neulich habe ich ein spannendes Büchlein gefunden. *Sensi di Vini oder die Weinprobe findet im Kopf statt* ist 2005 von Jürgen K. Mai und Benigna Mallebrein herausgegeben und von der Deutschen Weinakademie in Mainz unterstützt worden. Es beschreibt im Wesentlichen, wie der Leser zur Bedeutung der Sinnesnerven beim Weinkonsum hingeführt wird. Erst das harmonische Zusammenspiel aller Sinne vermittelt uns die Aromafülle eines Spitzenweines.

Am Duft eines Weines lassen sich in der Regel die einzelnen Rebsorten erkennen. Dementsprechend nimmt der Geruch eine wichtige Rolle ein. Welche Aromen vorherrschen, ist oft auch eine individuelle Angelegenheit. Klar ist: Bei den Weissen stehen fruchtige oder blumige Aromen im Vordergrund. Die blumigen Komponenten werden oft mit Blüten jeglicher Art assoziiert. Sehr hilfreich ist das sogenannte Aromarad, das von der Arbeitsgruppe der American Society of Enology and Viticulture unter der Leitung von Prof. Ann C. Noble, University of Davis, für kalifornischen Wein konzipiert und von Prof. Dr. U. Fischer in Zusammenarbeit mit dem Deutschen Weinbauinstitut für deutsche Weine modifiziert worden ist. Es eignet sich ebenfalls für Gewächse aus anderen Ländern. Das Aromarad gruppiert anschauliche Begriffe zur Beschreibung von Aromen nach einem hierarchischen Schema. Man sucht zunächst einen passenden Oberbegriff und schlüsselt diesen dann nach Subkategorien beziehungsweise Attributen auf (siehe auch http://wineserver.ucdavis.edu/Acnoble/waw.html).

Nehmen wir das Beispiel «blumig». Dabei wird nach süssen und strengen Blüten unterschieden. Bei den süssen Blüten findet man Begriffe wie Rose, Jasmin, Akazien. Bei den strengen Blüten sind es Schafgarbe/wilde Möhre, Geranie, Flieder. Das gleiche Spiel geschieht mit Begriffen wie «fruchtig», «pflanzlich/vegetal», «würzig» oder «rauchig». Auch der Geschmack kommt im Aromarad vor. Selbstverständlich gibt es eine entsprechende Anordnung auch für Rotweine. Meiner Meinung nach bietet der Aromakreis eine nützliche Hilfe bei Degustationen. Es kann durchaus subjektiv sein, was der Verkoster herausfindet. Wichtig ist auf jeden Fall, dass der Wein überhaupt gewisse Aromen hergibt. Je intensiver, je komplexer diese sind, umso wertvoller ist der edle Tropfen. So beliebig sind Beschreibungen von Weinen nicht, obwohl stets eine gewisse Subjektivität nicht auszuschliessen ist.

Ist die Petrolnote in Riesling-Weinen ein Fehler?

H. M. aus B. hat bei einer Verkostung von älteren Riesling-Weinen aus dem Rheingau einen leichten Petrolton festgestellt. Er stuft ihn als Fehler ein. Es sei ihm aber erklärt worden, dass es sich um eine Eigenschaft der weissen Rebsorte handle. Wie ist dieser Sachverhalt einzuschätzen?

Die Petrolnote im Riesling zählt zu den hitzigen Debatten unter Weingelehrten. Für die Winzer Oliver Humbrecht vom Weingut Zind-Humbrecht aus dem Elsass und Michel Chapoutier aus dem Rhonetal, der ebenfalls im Elsass engagiert ist, gehört dieser Duft zu den unerwünschten Noten, wenn jüngere Weine gemeint sind. Es handle sich dabei um einen Fehler im Prozess der Weinherstellung. Die Trauben müssten so sorgfältig wie möglich gepresst werden. Nur so lasse sich der fehlerhafte Ton vermeiden.

Etwas anders sieht es bei älteren Weinen aus. Für den Petrolton in solchen Weinen ist das TDN (eine Abkürzung für 1,16-Trimethyl-1,2 Dihydronaphtalin, das zu den Terpenen gehört) verantwortlich. Es sei jenen Aromen zuzuordnen, die durch den Reifeprozess entstehen würden, sagt Rainer Amann vom Staatlichen Weinbauinstitut Freiburg in Deutschland. In jungen Weinen kommt es dagegen nicht in geruchlich relevanten Mengen vor. Das Bouquet ist seiner Meinung nach durch die Rebsorte bestimmt. Im Gegensatz zum Riesling findet man etwa in sehr alten weissen Burgunder-Weinen geringe Mengen, ohne dass ein Petrolton auftritt.

Es kommt auf die Dosierung an. Bei übermässiger Konzentration kann TDN einen unerwünschten Kerosingeschmack verursachen. Solche Weine bevorzuge ich nicht und bezeichne sie als fehlerhaft. Gegen einen leichten Petrolton habe ich dagegen nichts einzuwenden. Er gibt dem Wein eine spannende Dimension. Abschliessend kann ich die Frage jedoch nicht beantworten. Selbst die Experten sind sich nicht einig. Es sollte jeder für sich entscheiden, ob er diesen Duft mag oder nicht.

Welches sind die idealen Kellertemperaturen?

R. S. aus W. zieht in eine neue Wohnung und hat festgestellt, dass es dort im Keller mit rund 19 Grad Celsius relativ warm sei. In der alten Wohnung hatte die Temperatur konstant 14 Grad betragen. Welchen Einfluss hat dieser Unterschied auf die Weine? Muss der Leser nun seine edlen Tropfen einfach schneller austrinken? Leidet die Qualität generell darunter? Wenn ja, welche Massnahmen können in einem solchen Fall ergriffen werden?

Vorerst eine Beruhigungspille für den Leser. Er muss sich nicht zu grosse Sorgen machen. Der Weinliebhaber hat natürlich recht: Die Temperatur ist ein wichtiger Faktor für die Weinlagerung. Im optimalen Falle beträgt sie zwischen 10 und 14 Grad Celsius. Diese Werte trifft man leider nur noch selten in neuen Wohnungen an. 19 Grad sind gewiss etwas hoch. Was auf jeden Fall vermieden werden sollte, sind grosse, kurzfristige Schwankungen. Diese schaden dem Wein.

Man hat herausgefunden, dass die chemischen Prozesse, die während der Reifung im Wein stattfinden, doppelt so schnell ablaufen, wenn die Temperatur um 10 Grad Celsius erhöht wird. Dies hat zur Folge, dass der Wein schneller altert. Die Reifung verläuft weniger subtil als bei tieferen Temperaturen. Es gibt durchaus Alternativen, allerdings eher kostspielige. Ein Wein-Klimaschrank etwa benötigt zudem genügend Platz. Eine weitere Möglichkeit: Sie lagern die Weine bei einem Händler ein oder mieten auswärts ein Weinabteil in einem gemeinsamen, klimatisierten Keller. Neben der Temperatur sollten Sie zudem auf die Luftfeuchtigkeit achten. 75 Pro-

zent sind ideal, um ein Austrocknen des Korkens zu vermeiden. Höher ist kein Problem. Allerdings besteht dann die Gefahr, dass sich eines Tages die Etiketten von den Flaschen lösen.

Schadet Licht den Weinen?

R. B. aus B. will erfahren, welchen Einfluss das Licht auf die Lagerung von Wein ausübe. Er sehe immer häufiger neue Restaurants mit Weingestellen, die zwar für das Auge schön seien, wohl aber kaum dem Wein dienen würden. Wie steht es mit Whisky? Gelten für diese Spirituose bezüglich Licht und Temperatur ähnliche Regeln wie beim Wein?

Die Frage lässt sich eindeutig beantworten. Ist eine Flasche direkt dem Licht ausgesetzt, kann dies längerfristig dem Wein schaden. Besonders gefährdet sind Provenienzen in weissen Flaschen, die das Licht kaum absorbieren. Demzufolge machen jene Restaurants, die ihre Preziosen dem Gast in einem offenen Schrank präsentieren, etwas falsch. Ideal für die Lagerung ist ein dunkler Raum mit einer Temperatur zwischen 10 und 15 Grad Celsius sowie einer hohen Luftfeuchtigkeit (siehe vorherige Frage). Zu vermeiden sind ferner Fremdgerüche und Erschütterungen. Natürlich überstehen Weine auch höhere Temperaturen problemlos. Ich bin zwar kein Whisky-Fachmann, aber ich gehe davon aus, dass für die Spirituose ähnliche Regeln gelten wie für Weine.

Welches Flaschenformat eignet sich am besten, damit Weine länger altern?

F. L. aus Z. fragt: Warum sind gelagerte Weine aus einer Magnumflasche besser als aus einer normalen Flasche? Kann man sagen, je grösser die Flasche, desto besser altert der Wein? Welche Flaschengrösse eignet sich idealerweise zur langfristigen Lagerung eines Spitzen-Bordeaux? Gibt es auch gute Weinqualitäten in kleinen Flaschen?

Die Flaschengrösse spielt eine wesentliche Rolle bei der Lagerung von Weinen. Es ist tatsächlich so, dass sich die Alterung in Formaten wie Magnum oder Doppelmagnum langsam und subtil vollzieht. Bei 1,5 Liter Inhalt ist das Verhältnis zwischen Sauerstoff- und Weinvolumen in der Flasche besonders günstig. Dagegen ist es eher schlecht bei den halben Flaschen (3,75 dl), worin der Wein wesentlich schneller altert als in der normalen Flasche.

Die Flaschengrössen sind in den meisten Ländern genormt. Die Formate erhalten spezielle Namen. Im Bordeaux spricht man bei einem Inhalt von 1,5 Litern von der Magnum, bei 3 Litern von der Doppelmagnum, bei 5 Litern von der Jeroboam, bei 6 Litern von der Impériale. Im Burgund und in der Champagne lauten die Bezeichnungen: Magnum für 1,5 Liter, Jeroboam für 3 Liter, Rehoboam für 4,5 Liter, Methusalem für 6 Liter, Salmansar für 9 Liter, Balthasar für 12 Liter, Nebukadnezar für 15 Liter.

Gerade die Sammler von Bordeaux-Weinen bevorzugen diese Übergrössen, einerseits wegen der langsameren Reifung, andererseits wohl auch, weil die Wertsteigerung bei diesen Formaten grösser ist. Nicht zuletzt ist es attraktiv, für eine grössere Gesellschaft eine solche Flasche hervorzuzaubern. Das Kompliment und die Freude der Runde sind garantiert.

Selbstverständlich werden auch in kleinen Flaschen sehr schöne Weine angeboten. In vielen Fällen ist es ein ideales Format. Gerade wenn man nur ein, zwei Gläser geniessen will, egal ob zu Hause oder im Restaurant, fährt man damit gut. Die Weine reifen zwar schneller. Aber der praktische Gewinn wiegt dies mehr als auf. Nicht alle Produzenten füllen kleine Formate ab, sei es aus logistischen, sei es aus finanziellen Gründen. Gerade im Bordeaux finden Sie eine breite Auswahl an phantastischen Weinen in der kleinen Flasche. Aber auch in Italien und Spanien finden Sie eine entsprechende Auswahl, ebenso in der Schweiz. Es ist schwierig, konkrete Tipps zu geben. Gehen Sie zu Händlern, die darauf spezialisiert sind.

Stimmt es, dass Weine aus Magnumflaschen weniger Korkfehler aufweisen?

C. L. aus Z. fragt: Woran liegt es, dass Weine aus Magnumflaschen weniger oft Kork haben? Die Leserin kann jedoch die Tatsache nicht statistisch belegen. Sie will zudem wissen, ob der Wein in grossen Formaten weniger schnell reife. Vielleicht bestehe so ein Zusammenhang mit dem Korkgeschmack.

Eine interessante Frage, für die es meiner Meinung nach keine wissenschaftlichen Belege gibt. Ich kann mir vorstellen, dass für 1,5-Liter-Flaschen besonders hochwertige Korken verwendet werden. Unter Umständen kann der finanzielle Verlust bei einem Fehler besonders hoch sein.

Heute ist es immer schwieriger, wirklich gutes Material zu finden. Eine absolute Sicherheit gibt es auch für grosse Formate nicht. Korkgeschmack ist einer der schlimmsten Fehler. Je nach Studien haben bis zu 5 Prozent aller Flaschen einen muffigen Ton. Es existiert kein anderes Genussmittel, das mit einer so hohen Ausfallquote für so viel Ärger sorgt. Dementsprechend suchen immer mehr Produzenten nach Alternativen. Am ehesten scheint der Schraubverschluss über das Potenzial zu verfügen, den Naturkorken zu verdrängen. Selbst im Bordelais werden solche Versuche durchgeführt. Das renommierte Château Margaux kann es sich vorstellen, eines Tages auf den Schrauber zu wechseln. Ein Versuch mit einem gleichen Wein aus dem Jahr 2004 hat ergeben, dass jener mit dem Schraubverschluss sich besser entwickelt hat als jener mit dem Korken. Ein Beispiel mit einem Weisswein hat dagegen zu einem genau umgekehrten Resultat geführt. In der Neuen Welt gehört es bereits zum Alltag, dass Spitzenweine mit einem Schraubverschluss abgefüllt werden.

Es ist wissenschaftlich erwiesen, dass Weine in grossen Formaten langsamer und regelmässiger reifen als in der 75cl-Flasche. Der Grund: Vor allem bei Magnums besteht ein besonders günstiges Verhältnis zwischen Sauerstoff- und Weinvolumen in der Flasche. Ich empfehle daher jedem Geniesser, einige Bouteillen in diesen Formaten in den Keller zu legen – trotz der (kleinen) Gefahr eines unerwünschten Korktons.

Was kann mit einer angebrochenen Flasche getan werden?

P. G. aus B. trinkt gerne am Abend zu zweit etwas Wein. Eine normale Flasche sei dafür zu viel. Welche Gewächse kann man besonders gut wieder verschlossen aufbewahren? Welche gar nicht? Sollen solche Weine im Kühlschrank gelagert werden? Können Sie mir Tipps zu kleinen Flaschen geben?

Mit diesem Problem, sofern es denn eines ist, sehen sich Weingeniesser gelegentlich konfrontiert. Eine allgemeine Regel aufzustellen, welche Weine sich besonders für zwei oder mehr Tage eignen, ist ein schwieriges, gar unmögliches Unterfangen. Bei Weissen besteht die Gefahr, dass sie bei geöffneter Flasche die Frische verlieren und am nächsten Tag flach wirken. Fruchtbetonte, frische, im Stahltank ausgebaute Rotweine eignen sich weniger für einen Verbrauch über mehrere Tage. Auch ältere, fragile Gewächse sollte man mit Vorteil am ersten Tag geniessen.

Besser lassen sich dagegen Weine aufbewahren, die tendenziell über mehr Tannine verfügen. Dazu gehören jene Beispiele, die aus Cabernet Sauvignon, Merlot, Sangiovese, Nebbiolo oder Syrah/Shiraz erzeugt werden. Der Ausbau in der Barrique unterstützt diesen Prozess. Ich würde jedenfalls die Flasche gut verschliessen und nachher im Kühlschrank aufbewahren. Es gibt auch die Möglichkeit, die Luft aus der Flasche herauszupumpen. Eine Alternative ist die Anwendung von Konservierungsgas. Bei dieser Methode besteht eine gute Chance, dass der Wein länger als einen Tag hält.

Anstelle einer 75cl-Flasche bieten sich kleine Formate an, die lediglich die Hälfte enthalten; eine ideale Grösse für den Genuss zu zweit. Leider gibt es einen gravierenden Nachteil: Zahlreiche Güter füllen solche Formate gar nicht ab, weil es sich aus finanziellen oder logistischen Gründen nicht lohnt. Am besten erkundigen Sie sich direkt auf dem Weingut oder bei den Fachhändlern. Glücklicherweise weit verbreitet sind die kleinen Flaschen im Bordelais. Selbst namhafte Châteaux wie Premiers oder Deuxième Crus Classés füllen ihre Weine in 37,5cl-Flaschen ab. Das hat zudem den Vorteil, dass man sich vielleicht den einen oder anderen Wein leisten kann, obwohl die bekanntesten Hersteller inzwischen fast unerschwinglich geworden sind. Auch von Schweizer Winzern sind mir schöne Weine begegnet, die im Kleinformat abgefüllt werden. Übrigens eine ideale Grösse gerade auch dann, wenn man in einem Restaurant einen feinen Tropfen sucht.

Existieren allgemeine Regeln für das Dekantieren?

R. S. aus W. ist aufgefallen, dass in verschiedenen Diskussionen die Meinungen oft auseinandergehen, ob man einen Wein dekantieren soll oder nicht. Gibt es dazu verbindliche Regeln? Woran stellt man fest, dass ein bestimmter Wein umgegossen werden soll oder nicht? Oder reicht es, wenn die Flasche zwei, drei Stunden vor dem Genuss geöffnet wird?

Ein viel diskutiertes Thema, für das keine verbindlichen Regeln aufgestellt werden können. Es sollten jedoch einige Dinge beachtet werden. Ich bin eher zurückhaltend und dekantiere den Wein nur selten, etwa dann, wenn es sich um eine Provenienz mit relativ viel Depot handelt. Dies ist bei älteren Gewächsen der Fall. Oder bei bestimmten Portwein-Typen, die zwangsläufig umgeschüttet werden müssen. Aber Achtung bei gereiften Weinen: Es besteht die Gefahr, dass diese relativ schnell oxidieren, wenn sie mit Luft in Berührung kommen.

Junge Weine, etwa tanninbetonte Barolo-Gewächse aus dem Piemont oder ein Bordeaux, vertragen das Dekantieren problemlos. Dadurch können sie sich in der Regel schneller entfalten. Die Methode ist in Fachkreisen allerdings umstritten, denn der gelöste Sauerstoff in einem Wein, der zum Servieren bereitsteht, habe immer eine ungünstige Wirkung. Je länger diese anhalte, desto diffuser werde das Aroma und desto weniger ausgeprägt träten die Geschmackseigenschaften in Erscheinung. Also: Ich rate Ihnen, eher vorsichtig mit dem Dekantieren umzugehen, lieber einmal zu wenig als einmal zu viel.

Einige Weinfreunde schwören darauf, eine Flasche einige Stunden vor dem Einschenken zu öffnen. Der Wein «atmet» unter diesen Bedingungen allerdings nur minimal, sodass sich kaum wahrnehmbare Veränderungen ergeben. Die Oberfläche in der Flasche ist zu klein und somit auch die erwünschte Wirkung. Mehr Sauerstoff erhält der Wein, wenn er dekantiert wird.

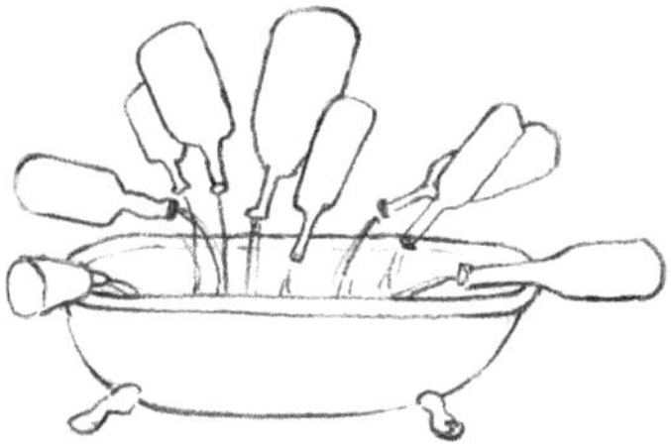

Werden Weissweine nie dekantiert?

H. J. H. aus T. fragt, warum Weissweine unabhängig vom Alter eigentlich nie dekantiert werden. Liegt es am jugendlichen Alter? Gibt es überhaupt Weissweine, die man trotzdem vor dem Trinken umgiessen sollte? Oder könnte man den Genuss erhöhen, wenn man edle Tropfen dekantiert?

So absolut würde ich die Sache nicht formulieren. Weissweine können oder müssen gar in bestimmten Fällen dekantiert werden. Aber es ist schon so, dass diese Gewächse eher seltener als rote Beispiele umgeschüttet werden. Die Weissen haben ja nie ein Depot. Sie werden zudem in der Regel jung getrunken. Dies macht den Vorgang überflüssig.

Damit ist die Sache nicht beendet. Bei den besten Weissweinen lohnt es sich, eine Karaffe hervorzuholen. Ein Grand Cru oder Premier Cru aus dem Burgund gewinnt sicher an Komplexität, wenn er dekantiert wird. Das gilt auch für Chardonnay aus der Neuen Welt. Für den Coulée de Serrant von Nicolas Joly aus dem Loiretal, um ein konkretes Beispiel zu nennen, ist der Vorgang gar zwingend. Der Wein aus Chenin blanc braucht unbedingt Luft, damit er sich entfalten kann. Auch grosse Riesling-Weine aus Deutschland, Österreich (Wachau) oder dem Elsass (Grand Cru) vertragen das Umgiessen problemlos. Vor allem jüngere Jahrgänge profitieren vom Sauerstoff, damit sich die Aromen besser ausbreiten können. Mehr Vorsicht ist bei älteren Beispielen am Platz. Zu viel Luft kann dazu führen, dass der Wein in Kürze in sich zusammenfällt und ungeniessbar wird.

Welches Glas benötigt man für welchen Wein?

D. S. aus Z. hat wunderschöne Bordeaux- und Burgundergläser des österreichischen Herstellers Zalto erhalten. Bisher hatte sie stets ein Einheitsglas für alle Rotweine verwendet. Die Leserin möchte gerne wissen, welche Weine zum Beispiel aus Italien, Spanien oder Tessin in welchem Glas am besten zur Geltung kommen.

Das Glas spielt eine wichtige Rolle, wie sich der Wein präsentiert. Bei der Verkostung sollen möglichst alle Facetten zum Vorschein kommen. Der Wein soll hohen Genuss bereiten. Gläser mit Farben oder Gravuren gehören auf jeden Fall in die Altglassammlung. Ein perfektes Trinkgefäss ist dünnwandig und transparent. Nur so lassen sich Farbe und Klarheit des Weines erkennen. Der Stiel sollte lang genug sein, sodass der Kelch mit den Fingern nicht berührt wird. Der Kelch selber sollte sich nach oben etwas verkleinern, damit die Aromen gebündelt werden.

Viele Geniesser begnügen sich mit einem Glas. Das ist meiner Meinung nach zu wenig. Sie brauchen nicht für jede Rebsorte ein eigenes Glas, aber eine Grundausstattung erhöht den Weingenuss. Für die Weissen ist ein Gefäss nötig, das meist etwas kleiner ist als ein Rotweinglas. Mit einem Bordeaux- und bauchigeren Burgunderglas sind Sie schon sehr gut ausgerüstet. Das Erstere können Sie auch für Merlots aus dem Tessin, die meisten Spanier und Italiener verwenden. Für einen Barolo oder Barbaresco aus dem Piemont empfehle ich Ihnen dagegen das Burgunderglas. Wer Schaumweine mag, kommt um ein entsprechendes Glas nicht herum. Bitte eine schlanke Flûte oder ein Weissweinglas und keine Schale verwenden. Wenn Sie mundgeblasene, feinere Gläser kaufen, zahlen Sie natürlich entsprechend mehr als für maschinell gefertigte. Letztere erfüllen aber durchaus ihren Zweck und sind erst noch spülmaschinenfest. Zalto ist ein seriöser Produzent. Weitere bekannte Namen sind etwa Riedel aus Österreich und Schott-Zwiesel aus Deutschland.

Was bringen Gläser mit einer besonderen Beschichtung?

H. C. aus L. hat von einem Kollegen gehört, dass es Gläser der deutschen Firma Eisch gebe, die eine besondere Beschichtung aufweisen würden. Dadurch sei das Dekantieren überflüssig geworden. Das Glas heisse «Breathable Glass». Ist das wirklich so? Bringt diese Beschichtung wirklich einen entsprechenden Vorteil?

Der Markt für Weingläser ist hart umkämpft. Wie der Leser richtig schreibt, hat Eisch in der Tat ein Glas lanciert, das sich «Breathable Glass» nannte. Nannte, denn das Unternehmen darf es jetzt nicht mehr so bezeichnen, weil es in Deutschland einen Prozess gegen den österreichischen Konkurrenten Riedel verloren hat. Dieser störte sich daran, dass Eisch mit den Worten geworben hatte, dass das «atmende» Glas Bouquet und Aromen in zwei bis vier Minuten öffne, neue Genussdimensionen verschaffe oder damit eine neue Generation von Kelchgläsern geschaffen werde.

Eisch selber sagt, dass es sich nicht um eine besondere Beschichtung im Glas handle. Der Hersteller hat vielmehr ein «neuartiges Verfahren» entwickelt, das mit Sauerstoff zu tun habe. Dank diesem Prozess werde in die ungeordnete Struktur des Glases eingegriffen. Es passiere dabei ein physikalischer Prozess, aber kein chemischer. Und es handle sich nicht um eine Vergrösserung der Glasoberfläche. Die Details des Verfahrens sind allerdings Betriebsgeheimnis.

Aufgrund der juristischen Auseinandersetzung musste Eisch den Namen des Glases ändern. Es heisst heute «Sensisplus» und wird als ein Glas mit einem «Zusatznutzen» vermarktet. Es wird maschinell hergestellt und trägt als Erkennungsmerkmal ein sandgestrahltes

Wellensymbol am Boden. Ich habe einige Spitzenweine degustiert, einmal im «Sensisplus», einmal in einem genau gleichen Glas ohne zusätzliche Veredelung. In ein, zwei Fällen habe ich einen intensiveren, harmonischeren Geruchs- und Geschmackseindruck wahrgenommen. Der Wein wirkte fülliger, mit etwas mehr Volumen. In der Regel war aber kein signifikanter Unterschied festzustellen.

Es sollte jeder selber entscheiden, welches Glas das richtige für seine Bedürfnisse ist. Sicher ist: «Sensisplus» ersetzt keine Karaffe. Braucht ein Wein Luft und Sauerstoff, so lohnt es sich, den Inhalt zwei, drei Stunden vor dem Genuss umzugiessen.

Sollen Weingläser mit destilliertem Wasser gereinigt werden?

C. B. aus Z. hat gehört, dass Weingläser mit destilliertem Wasser gespült werden sollen. Das Hahnenwasser habe einen Eigengeschmack und eigne sich daher weniger für diesen Vorgang. Stimmt das oder ist das übertrieben? Der Leser schreibt weiter, wenn er die Gläser mit einem normalen Tuch abtrockne, gebe es meist Schlieren, die er nicht mehr wegbringe. Gibt es eine bessere Alternative?

Die These mit destilliertem Wasser habe ich noch nie gehört. Das scheint mir reichlich übertrieben zu sein, abgesehen von dem damit verbundenen Aufwand. Die Expertin Laetizia Riedel von der gleichnamigen Glasmanufaktur aus dem österreichischen Kufstein versicherte mir auf Anfrage, dass Hahnenwasser vollkommen ausreichend sei. Wasser in der Schweiz habe keinen Eigengeschmack, der die Gläser beeinflusse. Sie können also beruhigt so weiterfahren wie bisher. Maschinengefertigte Gläser sind in der Regel spülmaschinenfest. Für mundgeblasene Versionen empfehle ich Ihnen, diese von Hand abzuwaschen. Für Frau Riedel ist es kein Problem, dafür etwas Spülmittel zu verwenden.

Für das Trocknen empfiehlt die Glasexpertin stets zwei Tücher, entweder aus Leinen oder Mikrofasern. Bitte darauf achten, dass die Tücher nur mit normalen Waschmitteln gewaschen werden, also ohne Weichspüler. Für einen besonderen Glanz können die Gläser zudem über Wasserdampf gehalten und danach mit den genannten Tüchern poliert werden. Weitere Tipps für Handwäsche finden Sie unter www.riedel.com/index.php?article_id=353&clang=1.

Wie füllt man Wein nach?

J. S. aus S. fragt: Wie verfährt man richtig, wenn die Weingläser aus einer neuen Flasche Wein (gleicher Wein, gleicher Jahrgang) nachgefüllt werden? Die neue Flasche sei natürlich vorher bereits verkostet worden, um sicher zu sein, dass der Wein keinen Zapfengeschmack habe oder sonst wie nicht in Ordnung sei.

Das Problem stellt sich öfters. Ich bin in dieser Angelegenheit sehr puritanisch und kompromisslos: Das Glas muss zuerst leer sein. Erst dann wird der Wein aus der neuen Flasche eingeschenkt. In etlichen Restaurants herrscht die Unsitte, dass bereits bei halbvollem Glas nachgefüllt wird. Natürlich sollte der Wein aus der zweiten Flasche gleich schmecken wie der erste. Aber es gibt doch gelegentlich Nuancen. Entweder stammt die Flasche aus einer allenfalls zweiten Abfüllung oder sie wurde an einem andern Ort gelagert. Für viele mag das «Theater» kleinlich tönen. Doch namentlich bei grossen und/oder älteren Weinen empfiehlt es sich, das Glas leer zu haben, bevor nachgeschenkt wird.

Was soll man mit einem nicht mehr trinkbaren Wein tun?

C. S. aus P. schreibt: Es kommt immer wieder vor, dass eine Flasche Wein nicht mehr trinkbar ist. Entweder habe der edle Tropfen Zapfengeschmack oder habe den Höhepunkt überschritten. Sind der Abfluss oder die Verwendung als Kochwein die einzig denkbaren Möglichkeiten oder haben Sie einen besseren Vorschlag?

Da ist guter Rat teuer. Korkfehler lassen sich ebenso wenig vermeiden wie Weine, die zu lange im Keller aufbewahrt wurden und keinen Genuss mehr bereiten. Für wirklich «hinübergekippte» Gewächse kenne ich nur einen Weg: ausleeren. Andere Weine können Sie durchaus verkochen, auch wenn es Köche gibt, die dafür prinzipiell keine Korkweine verwenden. Andere sind weniger restriktiv, denn der schlechte Geruch verdampft ja beim Kochen. Sie können mit schlechtem Wein auch die Essigmutter alimentieren. Zu viele Sorgen würde ich mir nicht machen. Es lässt sich nicht vermeiden, dass Sie gelegentlich einen Abschreiber hinnehmen müssen. Geniessen Sie vielmehr die guten Beispiele. In diesem Sinne: prosit!

Wie viel Genuss bietet ein Supertoskaner?

B. S. aus B. würde gerne wissen, was es mit den sogenannten Supertoskanern auf sich habe. Was zeichnet einen solchen Wein aus? Warum sind sie so teuer? Woran erkennt man diese Gewächse aus der prestigeträchtigen Weinregion Italiens?

Der Begriff existiert heute noch und steht namentlich für Weine, die nicht in das gängige Schema der Herkunftsbezeichnungen Italiens (DOC, DOCG) passen. Angefangen hatte die Welle der Supertoskaner in den 1970er-Jahren mit den Spitzengewächsen Tignanello aus dem Hause Antinori und Sassicaia von der Tenuta San Guido aus Bolgheri. Meist handelt es sich um Beispiele, die von französischen Rebsorten wie Cabernet Sauvignon, Merlot oder gar Syrah dominiert werden. Zudem bauen die Winzer ihre Weine in kleinen Holzfässern aus.

Praktisch alle Betriebe schufen solch prestigeträchtige Spezialitäten, die als gewöhnliche «Vini da Tavola» deklariert wurden. Heute sind es IGT-Weine. Damit konnten aufgrund der stets steigenden Nachfrage weitaus höhere Preise erzielt werden als mit einem normalen Chianti Classico. Dies führte zur absurden Situation, dass die Supertoskaner die grössere Beachtung erfuhren als jener Wein, der eigentlich am besten zur Region passt, der Chianti Classico. Bei den Supertoskanern geht oft die Typizität der Weine verloren. Es sind kräftige, oft zu holzbetonte, modern vinifizierte Gewächse mit einem relativ hohen Alkoholgehalt. Dieser Stil, der wenig Rücksicht auf die Herkunft nimmt, kommt jedoch bei vielen Konsumenten gut an. Ohne Zweifel: Man findet auch hervorragende Weine unter den Supertoskanern, etwa die IGT-Weine Flaccianello der Tenuta

Fontodi oder den Cepparello von Isole e Olena, beide übrigens zu 100 Prozent aus der Sangiovese-Traube gekeltert.

In der Zwischenzeit geht die Rechnung mit den Supertoskanern je länger je weniger auf. Die Preise stiegen in stratosphärische Höhen. Wenn ein neu gegründetes Weingut in der Maremma mit dem Namen Monteverro für sein Spitzenprodukt gut 120 Franken (zweiter Jahrgang!) verlangt, kann etwas nicht stimmen. Andere Güter wiederum haben die Produktion ausgedehnt. Die Qualitäten schwanken. Und die Weinfreunde haben langsam genug von den schweren, austauschbaren Supertoskanern getrunken. Da das Image leidet, besinnen sich glücklicherweise wieder mehr Winzer auf den ursprünglichen, authentischen Chianti Classico.

Sind Zweitweine eigenständig oder eine «zweite Auslese»?

R. W. aus E. schreibt, dass häufig über den zweiten Wein beim Bordeaux gesprochen werde, etwa über den Les Forts de Latour von Château Latour. Auch in der Toskana gebe es solche Fälle wie den Serre Nuove von der Tenuta dell'Ornellaia. Handelt es sich bei solchen Beispielen um eigenständige Weine oder jeweils um eine «zweite Auslese»?

Die Zweitweine sind eine Erfindung aus Frankreich, namentlich aus dem Bordelais. Sie werden allerdings erst seit Ende der 1980er-Jahre entsprechend vermarktet und kommerzialisiert. Zwei Gründe haben zu diesem Schritt geführt: Die Winzer füllen ungenügende Qualitäten von älteren Rebstöcken als Zweitweine ab. Sie verwenden zudem Weine von jüngeren Rebgärten für diese Etiketten. Das Ziel liegt darin, die Qualität des «Grand Vin» anzuheben. Zweitweine sind früher trinkbereit und haben logischerweise ein geringeres Lagerpotenzial. Es kann auch vorkommen, dass gerade in einem schlechten Jahr nur der Zweitwein abgefüllt wird. Einige Güter haben gar begonnen, einen Drittwein auf den Markt zu bringen.

Die bekanntesten Zweitweine sind Les Forts de Latour von Château Latour, Pavillon Rouge von Château Margaux oder Carruades von Lafite-Rothschild. Mit der allgemeinen Preisexplosion im Bordelais sind auch diese Gewächse teuer geworden. Mir gefällt namentlich der Pavillon Rouge sehr gut. Eine preiswerte Alternative ist Clos du Marquis vom Château Léoville-las-Cases, aber vornehmlich in guten Jahren wie 1990, 1995, 2000 oder 2009, um einige zu nennen. Generell gilt der Tipp, nur qualitativ hochwertige Jahrgänge zu kaufen. Das Modell aus Frankreich übernehmen zunehmend andere Regionen wie etwa die Toskana. Aus dieser Region ist der von Ihnen genannte Serre Nuove das bekannteste Beispiel. Er kostet bereits gut 50 Franken.

Wie lange lässt sich ein Pinot noir lagern?
H. M. aus Z. will wissen, wann eine Flasche Pinot noir nach der Lagerung geöffnet werden könne. Zu welchem Zeitpunkt bereitet ein solcher die optimale Trinkfreude? Sind spezielle Lager- und Kellerbedingungen für diese Rebsorte zu beachten?

Pinot noir ist die Diva unter den Rebsorten. In Bestform sind die Weine grandios. Aber auch extrem schlechte Beispiele sind zu finden, wenn die Erträge zu hoch sind und die Lage zu schlecht ist. Da Pinot noir in verschiedenen Regionen angebaut wird, kann die Frage nicht generell beantwortet werden. Neben der Herkunft spielt zudem die Ausbauart eine wesentliche Rolle. Beginnen wir in der Heimat der Traube, dem Burgund. Die besten Vertreter sind auch nach zehn und mehr Jahren noch mit viel Gewinn zu geniessen. Aber ein Premier Grand Cru sollte es schon sein, noch besser ein Grand Cru. Gemeindeweine wie ein Gevrey-Chambertin oder Chambolle-Musigny sollten in den ersten vier, fünf Jahren nach der Ernte getrunken werden.

Schweizer Beispiele können relativ früh getrunken werden, sofern der Wein ohne Holz oder lediglich in grösseren Fässern gelagert wird. Das sind frische, fruchtbetonte Blauburgunder, die in der Jugend viel Genuss bereiten. Barrique-gereifte Vertreter brauchen mehr Zeit. Weine aus einem sehr guten Jahrgang altern problemlos zehn Jahre. Über das wahrscheinlich grösste Potenzial verfügen die Gewächse aus der Bündner Herrschaft. Ein Wein von Daniel und Martha Gantenbein, Georg Fromm oder Irene Grünenfelder kann zehn und mehr Jahre gelagert werden. Stark im Kommen sind Pinots oder Spätburgunder aus Deutschland. Die «Grossen Gewächse» sind durchaus mit einem Burgunder zu vergleichen. Wie bei allen Weinen müssen Sie auch beim Pinot noir darauf achten, dass Sie im Keller gute Lagerbedingungen vorfinden: konstante Temperatur von 12 bis 14 Grad Celsius, Luftfeuchtigkeit von rund 75 Prozent, kein Licht, keine Erschütterungen.

Haben Bioweine eine schlechtere Qualität?

T. V. aus E. will wissen, warum biologische Weine häufig schlechter als konventionelle Gewächse seien. Er bekommt Weine zur Verkostung, die schlicht fehlerhaft seien. Irgendwie habe er das Gefühl, dass Bioproduzenten eine grössere Toleranz erwarten und diese auch ausnützen.

Bioweine lösen oft eine Kontroverse aus. Steht «Bio» auf der Etikette, bedeutet das nicht automatisch, dass der Wein besser ist. Er muss auch nicht zwingend schlechter ausfallen als ein konventionell produzierter Wein. «Bio» steht für eine Einstellung, für eine Überzeugung des Winzers. Der Weg wird oft gewählt, um den Einsatz von chemischen Spritzmitteln zu reduzieren. Ganz ohne kommt allerdings niemand aus. Kupfer (Bordeauxbrühe) und Schwefelpulver werden trotzdem benötigt. Wie im konventionellen Rebbau spielen auch bei Bioweinen die Lagen der Rebberge und die Arbeit der Winzer eine entscheidende Rolle.

Wie Sie selber feststellen, wird viel Mittelmässiges aus Bioproduktionen angeboten. Ich glaube aber nicht, dass die Winzer von den Konsumenten eine grössere Toleranz erwarten. Selbstverständlich werden auch Bioweine erzeugt, die ohne entsprechendes Label auf den Markt gelangen. Solche Betriebe haben es gar nicht nötig, ein entsprechendes Marketing zu betreiben. Die Weine allein sprechen für sich. Aus dem Burgund gehört etwa Anne-Claude Leflaive mit ihrer Domaine zu den Vorzeigebetrieben. Ihre Chardonnay sind unschlagbar gut, aber auch teuer. Im Loiretal hat sich Nicolas Joly einen hervorragenden Namen geschaffen und gilt als überzeugter Verfechter der Schule des Anthroposophen Rudolf Steiner. Die

Weine aus Chenin blanc, vor allem der Coulée de Serrant, lassen sich in kein Schema pressen. Sie sind definitiv nichts für Leute, die sich nicht mit einem Gewächs auseinandersetzen wollen. In der Rhône ist es Michel Chapoutier. Er produziert eine Vielzahl von Weinen aus zahlreichen Appellationen. Im Piemont etwa keltert Marina Marcarino sehr gute Bioweine, die zu einem fairen Preis erhältlich sind.

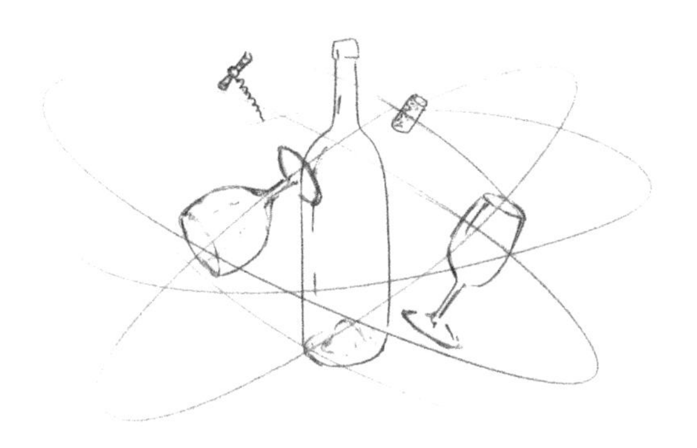

WEINDIVERSIKUM

Wie baue ich einen Weinkeller auf?

D. L. aus B. ist ein junger Weinliebhaber und will damit beginnen, einen Weinkeller aufzubauen. Seine Frage: Anhand von welchen Kriterien erkennt man, welcher Rotwein über ein Lagerpotenzial verfüge respektive von einer fachkundigen Lagerung profitieren könne? Auf was soll er beim Kauf achten?

Aller Anfang ist schwer. Der Aufbau eines Weinkellers braucht Zeit, Geduld und etwas Kleingeld. Aber es zahlt sich mittel- bis langfristig aus, wenn gewisse Punkte beachtet werden. Vorerst ein relativ simpler Tipp: Kaufen Sie von einem Wein mindestens sechs oder zwölf Flaschen. So haben Sie die Möglichkeit, die Entwicklung eines Gewächses über eine bestimmte Zeit zu verfolgen. Man sollte darauf achten, dass ein vernünftiger Mix von Weinen gesammelt wird, die unterschiedlich lange gelagert werden können.

Lagerfähige Weine zeichnen sich durch eine markante Tanninstruktur aus. Auch sollten sie genügend Säure besitzen. Zu den langlebigsten Tropfen überhaupt zählen sicher die Bordeaux. Dies zeigen langjährige Erfahrungswerte von besonders gut gelungenen Jahrgängen. Nicht jedes Jahr eignet sich für die gleich lange Lagerung. Weine aus 2009 und 2010 sind besser als die früher trinkbereiten 2007er oder 2004er. Die Weine, die mehrheitlich auf Cabernet Sauvignon basieren, verfügen oft über mehr Potenzial als jene, die von Merlot dominiert sind. Also: zuerst die Provenienzen vom rechten Ufer trinken, dann jene vom linken. Eine Alternative sind kalifornische Weine aus Cabernet Sauvignon. Wer Pinot noir liebt, kommt an Burgundern nicht vorbei. Über ein beträchtliches Potenzial verfügen zudem Beispiele aus dem französischen Rhonetal: etwa aus den Appellationen Hermitage im Norden und Châteauneuf-du-Pape im Süden.

Typische Italiener wie ein Barolo, Brunello oder Amarone aus dem Veneto gehören ebenfalls in einen gut sortierten Keller. Schauen Sie sich auf jeden Fall nach guten Schweizer Weinen um, etwa aus der Bündner Herrschaft, dem Tessin oder Wallis. Weniger lagerfähig sind fruchtbetonte Weine wie beispielsweise Beaujolais aus Frankreich oder Dolcetto aus dem Piemont. Und denken Sie daran: Rund 80 Prozent der produzierten Gewächse sind für den Verbrauch innert einem bis drei Jahren bestimmt, also viele Weine, die Sie im Detailhandel erhalten. Noch nicht gesprochen haben wir von den Weissweinen. Hier würde ich mich in einem ersten Schritt an die Klassiker wie Riesling, Chardonnay, Sauvignon blanc und Chasselas halten. Im Folgenden stelle ich in einer Übersicht dar, wie ein Weinkeller von 60 Flaschen aussehen könnte:

Weissweine

6 Flaschen Riesling trocken aus Deutschland oder Österreich
12 Flaschen Chardonnay aus dem Burgund, etwa Chablis oder Mâcon
6 Flaschen Chasselas aus der Waadt, etwa Dézaley oder Epesses

Rotweine

12 Flaschen Bordeaux, guter Cru bourgeois
6 Flaschen Pinot noir aus der Bündner Herrschaft oder Schaffhausen
6 Flaschen Chianti Classico aus der Toskana oder Barbera aus dem Piemont
6 Flaschen Rioja Crianza aus Spanien
6 Flaschen Shiraz aus Südafrika oder Australien

Welches ist der perfekte Geburtstagswein?

R. K. aus W. sucht den perfekten Geburtstagswein für seine Kinder. Wie findet er innert nützlicher Frist heraus, welchen Tropfen man zu diesem Zweck einlagern oder verschenken soll, bevor die Preise explodieren oder gar kein Wein mehr verfügbar ist? Wichtig in diesem Zusammenhang sei die Tatsache, dass sich die gewählte Provenienz am 20. Geburtstag mit Genuss trinken lasse. Der Leser hat bei verschiedenen Weinhändlern schon oft diese Problemstellung angesprochen, aber alles andere als zielführende oder sichere Antworten erhalten.

In dieser Angelegenheit gehe ich pragmatisch vor. Es kommen nicht viele Weine infrage, die sich über eine längere Zeit mit Gewinn aufbewahren lassen. Generell: Schauen Sie sich in allen Anbaugebieten um, wo im Geburtsjahr des Kindes ein grosser, lagerfähiger Jahrgang im Entstehen ist. Weine aus schwächeren Jahren machen in der Regel vor dem 20. Geburtstag schlapp und eignen sich daher nicht für solche Gelegenheiten. Unbedingt lohnt sich der Kauf von grösseren Flaschenformaten, also Magnums oder 3-Liter-Flaschen. Die Weine reifen langsamer und beständiger.

Ein 100-prozentiger Tipp ist das Bordeaux. Die guten Weine aus diesem Anbaugebiet verfügen über ein beträchtliches Lagerpotenzial. Leider sind die berühmtesten Namen praktisch unbezahlbar geworden. Weichen Sie auf Châteaux aus, die wenig oder gar nicht von der Spekulationswelle erfasst worden sind. Dazu gehören, und dies ist eine rein subjektive Einschätzung, etwa Château Clerc-Milon aus dem Pauillac, Phélan-Ségur aus dem St. Estèphe oder Gruaud-Larose aus dem St. Julien. Ausserhalb des Bordelais können Sie sich im Rhonetal umschauen. Im Norden wachsen überragende Syrah-Weine in den Appellationen Hermitage oder Côte-Rôtie. Im Süden drängt sich Châteauneuf-du-Pape auf, etwa jene von Château Beaucastel oder Domaine de la Janasse. Ein Minenfeld ist das Burgund: Da müssen Sie auf die Lage, den Produzenten und Jahrgang achten. Eher eine sehr teure Angelegenheit.

Aus Italien kommen praktisch nur die Klassiker Barolo, Brunello di Montalcino sowie die kräftigen Amarone infrage. Aus der Neuen Welt würde ich mich in Kalifornien umsehen, wo langlebige Cabernet Sauvignon produziert werden. Oder in Australien, wenn Syrah respektive Shiraz ein Thema ist. Ich trank kürzlich einen Grange 1976 von Penfolds: perfekt gereift, noch immer frisch, dicht, vielschichtig, lang anhaltend, ein unvergessliches Erlebnis.

Welche Weine eignen sich als Mitbringsel?

T. F. aus B. schreibt, dass Weine ein beliebtes und geeignetes Mitbringsel bei einer Einladung seien. Wenn man ein trinkreifes, älteres Gewächs auswähle, müsse man in der Regel mit Depot in der Flasche rechnen. Da ein vorgängiges Öffnen bei einem Besuch nicht infrage komme, stelle sich die Frage, was zu tun sei. Muss man gänzlich auf das Verschenken älterer Weine verzichten, wenn dieser am selben Abend getrunken werden soll? Gibt es einen brauchbaren Vorschlag für ein angemessenes Vorgehen?

Dagegen gibt es nichts einzuwenden: Weine eignen sich perfekt als Mitbringsel und garantieren mit der richtigen Gesellschaft einen schönen Abend. Weine können aus unterschiedlichen Gründen zu einem Besuch mitgenommen werden. Erstens: Man will sich beim Gastgeber für die Einladung bedanken. In diesem Falle ist es von Vorteil, dass man die bevorzugten Weintypen des Gastgebers kennt. Ein älterer Jahrgang kann durchaus eine Idee sein. Wenn der Wein «nur» verschenkt wird, spielt es keine Rolle, wenn die Flasche etwas durchgeschüttelt wird. Wird der edle Tropfen jedoch am gleichen Abend getrunken, empfiehlt es sich, ihn sorgfältig zu transportieren. Beim Eintreffen würde ich den Wein etwas ruhen lassen und ihn nachher allenfalls dekantieren, um das Depot zu trennen. Bei jüngeren Jahrgängen ist der Vorgang nicht zwingend notwendig.

Zweitens: Sie machen mit dem Gastgeber einen Themenabend ab und bringen eine entsprechende Flasche mit. Mit meinen besten Weinfreunden veranstalte ich regelmässig solche Abende. Jeder Gast bringt einen Wein mit, selbstverständlich mit verhüllter Etikette. Man kennt zwar das Thema, weiss aber nicht, um welche Provenienz es sich handelt. Zuerst werden die Weine degustiert, besprochen und allenfalls erkannt. Nachher serviert der Gastgeber die edlen Tropfen zum Essen. Man erlebt auf diese Art und Weise tolle und unvergessliche Weinabende.

Wie hoch ist ein «Zapfengeld»?

G. B. aus W. fragt: Dürfen mein Mann und ich für ein Essen zu zweit in einem Restaurant unseren eigenen Lieblingswein mitnehmen und trinken? Falls ja, muss man ein «Zapfengeld» entrichten? Wie hoch kann es gegebenenfalls sein? Ist ein Wirt verpflichtet, die Konsumation des von seinen Gästen mitgebrachten Weines zu ermöglichen? Uns interessiert im Weiteren, ob idealerweise solche Weine nicht frühzeitig vor dem Essenstermin ins Restaurant gebracht werden sollten. Gibt es Lokale, die spezielle Events durchführen?

In der Schweiz ist die Tradition, einen Wein ins Restaurant mitzubringen, nicht sehr verbreitet. Ganz anders in Australien: Dort geht es unkompliziert zu und her. Für die Wirte ist es selbstverständlich, dass der Gast seinen eigenen Tropfen mitbringt. Prinzipiell spricht eigentlich nichts dagegen, dies auch hierzulande zu tun. Wenn Sie Stammgast eines Lokals sind, dürften Sie keine Probleme haben. Solche Gastgeber sind meistens sehr kulant. Wenn Sie zum ersten Mal dort einkehren, würde ich telefonisch anfragen, ob der Wein allenfalls mitgenommen werden dürfe. Diesbezüglich habe ich gute Erfahrungen gemacht und konnte den eigenen Wein selbst in hoch bewerteten Restaurants trinken.

Selbstverständlich ist ein Zapfengeld zu bezahlen. Dem Gastwirt entstehen ja trotzdem Kosten. Er stellt die Gläser zur Verfügung und hat das Personal zu bezahlen. Über die Höhe des Zapfengeldes gehen die Meinungen auseinander. Es kommt auf das Restaurant an. Ein Lokal, das aufwendig kocht, dürfte eher etwas mehr verlangen. 20 oder 25 Franken pro Flasche sind ein angemessener Wert. Bei mehr als 30 Franken würde ich schon zweimal überlegen, ob ich den Wein mitnehme oder nicht. Ein Restaurant im Unterengadin wollte mir einmal 60 Franken verrechnen. Ich habe den Preis zwar murrend bezahlt, die Geschichte aber in meiner Kolumne «Wein-Keller» kritisiert. Nachher sah die eigentlich sehr liebenswürdige Gastgeberin den Fehler ein. Heute bin ich bei ihr Stammgast, wenn ich im entsprechenden Skiort die Ferien verbringe.

Wenn Sie den Wein bereits einen oder zwei Tage vorher im Restaurant deponieren können, ist dies natürlich ein perfekter Service. Der Wein steht bei Ankunft bereits auf dem Tisch, bei Bedarf schon dekantiert. In ein solches Lokal kehrt man jederzeit gerne ein. Eine originelle Idee verfolgt das Restaurant «Carlton» in Zürich: Jeden Montag wird eine sogenannte «Monday Bouteille» veranstaltet. Jeder Gast darf seinen Lieblingswein mitbringen. Die Frage, den eigenen Wein im Restaurant zu trinken, stellt sich eigentlich nur dort, wo die Preise abheben oder, wenn man einen speziellen Wein trinken möchte, der nicht auf der Weinkarte zu finden ist. Die Kalkulationen sind leider in vielen Restaurants ein Ärgernis. Wer den Einstandspreis immer noch mit den Faktoren 3 oder 4 multipliziert, muss sich nicht wundern, auf den Flaschen sitzenzubleiben. Wer dagegen einen Deckungsbeitrag festlegt, kann mit attraktiven Angeboten aufwarten und wird sich wohl nicht über fehlende Gäste beklagen.

Was bedeutet Riesling Smaragd?

T. P. aus Z. hat unlängst begonnen, sich in Sachen Riesling umzusehen. Dabei fiel ihm ein Riesling Smaragd aus Österreich mit einem ungewöhnlich hohen Preis auf. Er nimmt an, dass die teure Flasche mit der Bezeichnung zu tun habe. Daher seine Frage: Warum heisst ein Riesling Smaragd und was bedeutet die Bezeichnung?

Österreich ist Ursprungsland hervorragender Riesling-Weine, ebenso wie Deutschland und das Elsass. In unserem östlichen Nachbarland hat sich die Wachau mit ihren steilen Terrassen-Rebbergen als Spitzenregion etabliert. Die Gegend an der Donau ist atemberaubend schön und gehört zum UNESCO-Weltkulturerbe. Die Vereinigung Vinea Wachau, in der die renommiertesten Produzenten versammelt sind, unterteilt ihre Weine seit 1987 in drei Kategorien. Es handelt sich dabei nicht zwingend um eine Qualitätseinteilung, sondern um eine Abstufung in drei «Gewichtsklassen». Aber auf jeden Fall bürgt der Name für Weinkultur in Reinform.

Zuunterst in der Hierarchie befinden sich die sogenannten Steinfeder-Weine mit einem Alkoholgehalt von höchstens 11,5 Prozent. Dann folgen die etwas schwereren Federspiel-Versionen bis zu 12,5 Prozent. Zuoberst sind die Smaragd-Gewächse eingeteilt, bei denen es sich um die wertvollsten Weine der Region handelt. Die Trauben werden möglichst reif zu einem relativ späten Zeitpunkt geerntet, zum Teil erst Ende Oktober, Anfang November. Die Edelfäule Botrytis will man vermeiden; sie lässt sich aber nicht immer ganz ausschliessen. Es werden trockene Weissweine angestrebt. Die kräftigen, teilweise opulenten Gewächse bis zu einem Alkoholgehalt von 14,5 Prozent verfügen über ein aussergewöhnliches Reifepotenzial und eignen sich als Begleiter zu Speisen. Der Name Smaragd stammt von den Smaragd-Eidechsen, die sich in den Wachauer Weinberg-Terrassen offenbar besonders wohl fühlen.

Die Weine sind relativ teuer. 50, 60 Franken je Flasche oder noch mehr sind leider die Regel und nicht die Ausnahme. Neben dem Riesling wird auch die am meisten verbreitete Sorte in der Wachau, der Grüne Veltliner, nach den gleichen Kategorien eingeteilt. Es gibt Produzenten, die sich nicht diesem System unterstellen wollen. Ihre Absicht: Die besten Weine sollen in erster Linie elegant, lang und mit einem etwas moderateren Alkoholgehalt ausfallen.

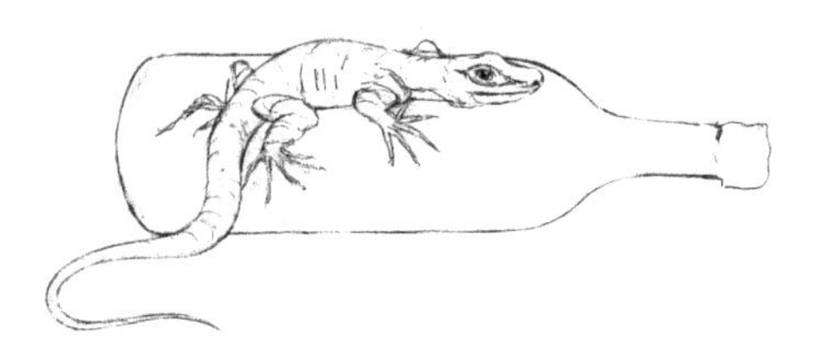

Wer oder was ist Pannobile?

C. L. aus Z. fragt, woher der Begriff «Pannobile» stamme. Was ist darunter zu verstehen? Wer baut diesen Wein an?

Beim Begriff «Pannobile» handelt es sich um eine Winzervereinigung aus dem österreichischen Burgenland. Sieben Winzer aus der in der Nähe des Neusiedlersees gelegenen Weingemeinde Gols gründeten sie 1994. Ihr Ziel ist klar definiert: Sie wollen mit ihren Gewächsen eine regionale Identität entwickeln, quasi eine regionale Benchmark festsetzen. Der Wein von hoher Qualität soll die Böden, das Klima und die Kultur zum Ausdruck bringen. Seit 2006 dürfen nur noch die einheimischen Rebsorten Blaufränkisch, Zweigelt und St. Laurent für den roten Pannobile verwendet werden, nachdem zu Beginn auch internationale Trauben wie Merlot oder Cabernet Sauvignon in geringen Anteilen erlaubt gewesen waren.

Die Zusammensetzung der Rebsorten unterscheidet sich je nach Winzer und Jahrgang. Die Vereinigung verkostet jeden Wein ihrer Mitglieder und entscheidet dann nach strengen Kriterien, ob er unter dem Label angeboten wird. Pannobile ist eine Zusammensetzung von zwei Namen. «Pannonien» verweist auf die römische Gebietsbezeichnung und bringt die regionale Identität zum Ausdruck. «Nobile» soll den edlen und noblen Charakter der Gewächse hervorheben. Die Gruppe umfasst inzwischen neun Produzenten: Paul Achs, Judith Beck, Hans Gsellmann, Gernot Heinrich, Matthias Leitner, Hans Nittnaus, Gerhard Pittnauer, Claus Preisinger sowie Helmut Renner.

Der Stil dieser Cuvées soll elegant, nicht zu kräftig, aber mit einer guten Länge sein. Ursprünglich wurden sie in neuen Barriques ausgebaut. Im Laufe der Jahre ging der Gebrauch von Neuholz spürbar zurück. Statt neuen Holzfässchen werden vermehrt gebrauchte Fässchen und grössere Gebinde verwendet. Nach 15 Monaten Reife kommt der Pannobile-Wein Anfang September des zweiten Jahres nach der Ernte auf den Markt. Das Spektrum der Aromen reicht von Schwarzkirsche über Brombeere bis hin zu Holunder, ergänzt durch würzig-mineralische Töne. Die Weine verfügen über ein gutes Alterungspotenzial von zehn und mehr Jahren. Neben den Roten werden auch Pannobile-Weissweine aus Chardonnay, Weissburgunder und Neuburger abgefüllt. Sie fallen allerdings moderner und beliebiger aus.

Warum werden Weine nach unterschiedlichen Systemen bewertet?

B. H. aus M. liest regelmässig die Kommentare in Weinzeitschriften. Ihn ärgern die unterschiedlichen Bewertungssysteme. Die einen vergeben 100 Punkte, die anderen orientieren sich an der 20-Punkte-Skala. Dritte wiederum ziehen Sterne zurate. Haben Sie eine Methode, wie man die Vergleichbarkeit von Bewertungen, die nach unterschiedlichen Systemen erfolgt sind, herstellen kann?

Offen gestanden, damit kann ich nicht dienen. Leider existieren verschiedene Bewertungssysteme. Vielmehr muss man sich die Frage stellen, ob man dem Wein gerecht wird, wenn er mit Noten klassiert wird. Leser und Konsumenten mögen Ranglisten und Sieger. Daher erfreuen sich Punktebewertungen einer gewissen Beliebtheit.

Generell entsprechen für mich 90 von 100 Punkten im 20er-System 18 Punkte. 95 Punkte wären demnach 19 Punkte wert. Vier von fünf Sternen, wie sie etwa Michael Broadbent in England verwendet, stufe ich mit 18 Punkten ein. Das sind nur Anhaltspunkte, um eine gewisse Vergleichbarkeit herstellen zu können. Bis jetzt sind alle Bemühungen gescheitert, sich auf eine gemeinsame Skala festzulegen.

Die Engländer und Amerikaner geben den Ton an. Der allgegenwärtige Robert Parker aus den USA bewertet die Weine zwischen 50 und 100 Punkten. Die Zeitschrift *Wine Spectator* hat sich auf die gleiche Rangierung festgelegt. In Europa ist generell die 20-Punkte-Skala üblich. Zwei Vorteile haben beide Systeme: Eine Zahl ist stets eine präzise Grösse, unter der sich alle das Gleiche vorstellen können. Degustieren mehrere Leute, kann ein Durchschnittswert ermittelt und so eine Annäherung an den Wein gefunden werden.

Ob damit den edlen Tropfen Genüge getan wird, ist eine andere Frage. Ist ein Wein mit 90 Punkten wirklich schlechter als jener mit 91 Punkten? Wo liegt da der Unterschied? Meistens aufschlussreicher sind die Degustationsnotizen zu einem Wein, sofern seriöse Kritiker oder Verkoster am Werk sind. Meistens kann der Laie mehr herauslesen, wenn er etwas zum Geruch und Geschmack erfährt. Allerdings ist eine Notiz stets eine Momentaufnahme. In zwei, drei oder zwölf Monaten sieht die Beschreibung schon wieder ganz anders aus. Ich rate, sich auch auf das eigene Urteil zu verlassen. Als Weinkritiker bemühe ich mich im Wesentlichen darum, dass sich interessierte Weinfreunde im Dschungel der angebotenen Gewächse ein wenig besser zurechtfinden.

Wie gross ist der Einfluss von Robert Parker auf die Weinpreise?

I. P. aus S. fragt, welche Auswirkungen die Bewertungen des amerikanischen Kritikers Robert Parker auf den Preis einer Weinflasche hätten. Er stuft die Weine nach der 100er-Skala ein.

Ein Beispiel sagt mehr als lange Erläuterungen: Robert Parker bewertet mehrmals die Weine aus seiner Lieblingsregion Bordeaux, einmal «en primeur», wenn die edlen Tropfen noch in den Fässern vor sich hin schlummern, einmal, wenn sie abgefüllt worden sind. So auch den Jahrhundert-Jahrgang 2009. Der Amerikaner vergab nach der Abfüllung nicht weniger als 19 Mal die Höchstnote von 100 Punkten. Die Märkte reagierten schnell: Die Preise dieser Weine schnellten über Nacht um 30 bis 40 Prozent in die Höhe. Dies belegt den Einfluss von Parker eindrücklich.

Seine Urteile sind Gold wert für die Produzenten und Händler. Keiner übt einen derart grossen Einfluss auf den gehobenen Weinmarkt aus. Auch Sammler und Investoren orientieren sich mit Vorliebe einzig und allein am «Weinpapst» aus Maryland. Seine Bewertungen haben nachweislich auch Auswirkungen auf ältere Jahrgänge, nicht nur aus dem Bordelais, sondern ebenso aus dem Burgund, dem Rhonetal oder Kalifornien. Schauen Sie einmal genau hin bei Weinhändlern: Unzählige Anbieter bewerben ihre Weine mit den Punkten von Parker.

Meiner Meinung nach hat dies nicht ungefährliche Konsequenzen. (Hochwertiger) Wein mutiert immer mehr zu einem Spekulationsobjekt. Die hohen Ratings generieren eine weltweite Nachfrage, die in keiner Relation zu den angebotenen Mengen steht. Ein

Bordeaux-Weingut aus dem Médoc erzeugt im Durchschnitt rund 300 000 Flaschen pro Jahr. Oft wird man den Verdacht nicht los, dass ein Teil der Produzenten den Stil ihrer Weine bewusst auf Parker ausrichtet. Die Eigenschaften des Anbaugebiets werden vernachlässigt. Der Amerikaner bevorzugt fruchtbetonte, eher säurearme, reife, alkohollastige Weine mit reichlichen Noten von Eiche. Ob all der Punkte-Hysterie darf nicht vergessen werden, dass eine Degustation stets eine Momentaufnahme darstellt. Der gleiche Wein kann je nach Zeitpunkt und Bedingung der Verkostung unterschiedlich erscheinen. Urteile und Weinartikel sind durchaus eine sinnvolle Hilfe. Verkosten von Wein ist grundsätzlich eine subjektive Angelegenheit, obwohl einige objektive Punkte zu beachten sind. Darum darf man ungeniert eine andere Meinung vertreten – und selbst dem einflussreichsten Weinkritiker der Welt widersprechen.

Eignen sich Bordeaux-Weine als Investition?

P. M. aus Z. will einen Château Lascombes aus dem Margaux und einen Château Faugères aus dem St. Emilion verschenken. Welche Flaschenart ist als Investition geeignet? Welche Jahrgänge würden sich lohnen? Oder soll man nur bei ganz grossen Bordeaux-Namen den Wein als Investitionsgut betrachten?

Bei der Frage einer Investition sind zwei Punkte wichtig: Soll der Wein eines Tages getrunken werden oder soll er in ferner Zukunft wieder verkauft werden? Beim Ersteren ist es ratsam, einen Bordeaux auszuwählen, der auch in zehn Jahren noch viel Genuss bereitet. Das trifft für beide Weine zu, hängt aber etwas vom Jahrgang ab. Grundsätzlich sind 2005, 2009 und 2010 zu bevorzugen, ausser Sie wollen ältere Jahrgänge kaufen.

Wenn Sie einen Wein als Investition in Betracht ziehen, empfehle ich Ihnen, nur ganz grosse Namen zu berücksichtigen. Also alle Premiers Crus Classés und ausgewählte Gewächse wie Cheval Blanc, Ausone, Léoville-las-Cases, Cos d'Estournel, um nur einige zu nennen. Die Preise für diese Bordeaux sind allerdings stark gestiegen. Es ist schwierig vorauszusagen, wie sich die Notierungen in Zukunft entwickeln werden. Lascombes und Faugères machen sicher keine grossen Preissprünge. Beides sind gute Weine, aber eher für den Genuss bestimmt. Bedenken Sie auch: Wenn der Wein später verkauft werden sollte, verlangt das Auktionshaus stets eine Kommission. Grossflaschen sind wertvoller als normale Flaschen, schon allein darum, weil es davon viel weniger gibt. Allerdings sind die Asiaten, die den Markt bestimmen, nicht zwingend Liebhaber dieser Formate.

Wie erkennt man gefälschte Weine?

D. R. aus R. will wissen, wie man gefälschte Weine vor dem Öffnen der Flasche erkennen könne. Was bedeutet es, wenn die Etiketten bei mehreren Flaschen nicht auf der gleichen Höhe liegen? Der Leser fragt weiter, ob bei gewissen Angeboten zum Beispiel im Internet nicht etwas faul sei, falls der Preis weit unter den üblichen Notierungen liege.

Je höher die Preise steigen und je mehr mit Wein spekuliert wird, umso grösser ist die Gefahr von Fälschungen. Es lässt sich nicht bestreiten, dass besonders berühmte Weine, meist ältere Jahrgänge, davon betroffen sind, etwa Château Mouton Rothschild mit den Künstleretiketten und der rare Pétrus aus dem Bordelais, der Supertoskaner Sassicaia, die gesuchten Weine der Domaine Romanée-Conti aus dem Burgund.

Die Etikette des gefälschten Weines, der meist ein namenloses Gewächs ist, entspricht nur auf den ersten Blick dem Original. Für den Laien ist es schwierig, den kleinen Fehler, etwa bei der Farbe oder der Schrift, zu bemerken. Daher empfehle ich Ihnen zwingend, allenfalls «gefährdete» Weine nur bei seriösen Händlern einzukaufen. Sie bieten Gewähr dafür, dass die Flaschen aus einer sicheren Quelle stammen. Das gleiche Vorgehen lohnt sich auch bei Käufen auf Auktionen. Vorsicht ist angezeigt bei Angeboten im Internet, vor allem dann, wenn ein attraktiver Preis lockt.

In der Regel befinden sich die Etiketten auf gleicher Höhe. Ist das nicht der Fall, muss es sich nicht zwingend um eine Fälschung handeln. Ich würde in solchen Fällen trotzdem skeptisch bleiben. Die Produzenten von hochkarätigen Weinen haben inzwischen aufwendig gestaltete Etiketten entwickelt, die sich nur mit erheblichem Aufwand fälschen lassen. Nur der Vollständigkeit halber sei erwähnt, dass es auch möglich ist, ganz normale Weine zu verfälschen oder zu manipulieren, sei es mit Wasser, sei es mit Weinen von geringerer Qualität oder gar mit verbotenen Substanzen, welche die Gesundheit gefährden.

Wie werden stilgerecht Weinflaschen mit einem Metallnetz geöffnet?

M. P. aus R. fragt, wie man stilgerecht Weinflaschen öffne, die mit einem feinen Metallnetz umgeben seien. In seinem Fall ist es ein schöner Rioja aus dem Jahre 2005 gewesen. Wird das Netz gänzlich entfernt? Oder sollte das Drahtgeflecht nur oben gekappt werden, damit man den Korken ohne Schwierigkeiten ziehen kann?

Diese Frage betrifft eigentlich den Stilfachmann. Vielleicht zuerst etwas über dieses Drahtgeflecht. Die spanische Bezeichnung dafür ist «Alambrado», mit dem man in der Tat Weinflaschen aus dem Gebiet Rioja umwickelt. Dabei handelt es sich um zumeist goldfarbene Netze, nicht einfach zur Dekoration, sondern zum Schutz vor Weinfälschern. Das Geflecht sollte ursprünglich den Austausch des Flascheninhalts gegen Billigwein erschweren. Es ist quasi ein Qualitätsmerkmal. Heute hat allerdings das Netz an Bedeutung verloren, obwohl man immer noch Flaschen mit einem «Alambrado» findet. Was tun, wenn die Flasche geöffnet werden soll? Ich halte es genau so, wie es der Stilexperte empfiehlt: Man reisst es mit hastigen und impulsiven Handbewegungen weg, wie die Kleider einer soeben eroberten Dame.

Gibt es den idealen Zapfenzieher?

S. A. aus H. arbeitet als Sommelière. Offenbar verleitet diese Position einige ihrer Freunde dazu, sie in Sachen Wein mit Argusaugen zu beobachten. Die Leserin musste sich mindestens ein Dutzend Mal für ihren automatischen Zapfenzieher, der zu Hause an einem Tisch befestigt ist, rechtfertigen. Warum? Es gehe doch darum, was sie öffne, und nicht, wie sie es öffne. Gibt es einen Ehrenkodex, was das Öffnen der Weinflasche betrifft?

Ein Bonmot von Anthony Barton, dem Besitzer des hochklassigen Bordeaux-Château Léoville-Barton, bleibt mir stets in allerbester Erinnerung. Er sagte, dass die wichtigste Investition eines Weinliebhabers der Zapfenzieher sei. Damit hat Monsieur Barton selbstverständlich völlig recht, denn was macht der Weinfreund mit einer Flasche ohne Screwpull? Das Angebot an diesem nützlichen Gerät ist riesig.

Mit einer bahnbrechenden Enthüllung kann ich nicht aufwarten, benutze ich doch den ganz gewöhnlichen, praktischen, kleinen Zapfenzieher, der sehr oft in guten Restaurants verwendet wird. Er bewährt sich perfekt. Der Korken lässt sich leicht herausnehmen, ohne dass er abbricht. Auf dem Markt findet man einige unbrauchbare Werkzeuge, schön im Design, aber meist unpraktisch und unhandlich. Ihr Gerät gehört wohl nicht dazu, hat aber den kleinen Nachteil, dass es nicht gerade platzsparend ist. Wenn Ihnen der automatische Zapfenzieher, wie Sie ihn nennen, zusagt, bleiben Sie ungeniert dabei. Egal, was die lieben Freunde darüber denken.

Ein Ehrenkodex für das Öffnen von Weinflaschen ist mir nicht bekannt. Wichtig ist einfach, dass nicht ein Teil des Korkens im Flaschenhals stecken bleibt. Für solche Fälle gibt es jedoch entsprechende Hilfsmittel. Selbstverständlich ist der Inhalt der Flasche wichtiger als die Tatsache, wie sie geöffnet wird. Wo kämen wir sonst hin? Ich trinke lieber einen qualitativ hochwertigen Wein als irgendeinen anonymen Fusel. Wie die Flasche geöffnet wird, ist mir eigentlich ziemlich egal.

Was ist mit einem brüchigen Korken zu tun?

T. F. aus A. wollte einen schönen Châteauneuf-du-Pape 2003 entkorken. Nach der Vorfreude sei der Schreck gekommen: Der Weinverschluss war brüchig. Dem Leser gelang es nicht, den ganzen Korken aus der Flasche zu ziehen. Er habe dann den letzten Korkenrest in die Flasche drücken müssen und nachher den Wein mit einem Trichter dekantiert. Welchen Rat soll man in einer solchen Situation befolgen?

Der Leser hat souverän reagiert. Es kann leider vorkommen, dass bei älteren Weinen die Korken mit der Zeit bröckeln. Ich gehe allerdings davon aus, dass der Produzent des Châteauneuf-du-Pape auf gute Qualitäten setzt, also auf relativ lange, nicht zu harte Zapfen. Bei den Spitzenweinen werden diese eigentlich immer verwendet. Bei kurzen Exemplaren ist davon auszugehen, dass der Wein über keine besonders gute Alterungsfähigkeit besitzt. Mir ist das gleiche Malheur auch schon passiert. Manchmal gelingt es, den Korken in einem zweiten Anlauf und mit Sorgfalt doch noch herauszuziehen. Wenn nicht, bleibt nichts anderes übrig, als den Zapfen in die Flasche hineinzudrücken und den Wein sorgfältig mit einem Filter zu dekantieren. Eine andere Lösung sehe ich nicht.

Eine sogenannte «Recorking clinic» betreibt der australische Weinproduzent Penfolds. Gelegentlich macht er auch in der Schweiz und in Deutschland Halt. Wer einen älteren Penfolds-Wein besitzt, darf ihn dorthin bringen. Dann wird die Flasche neu verkorkt – kostenlos.

Was bringt ein Weinquirler?

F. F. aus M. schreibt: Sie kennen sicher diesen «Weinquirler», den man auf die geöffnete Flasche aufsetzt. Der Wein werde beim Einschenken leicht gequirlt, was den gleichen Effekt haben soll wie dekantieren. Haben Sie es schon selber ausprobiert? Welches waren Ihre Erfahrungen?

Ich kenne dieses Instrument nicht. Generell bin ich skeptisch gegenüber solchen mehr oder weniger nützlichen Dingen. In der Regel bringen sie nichts und kosten lediglich einiges an Geld. Wein ist ein Naturprodukt. Daher bin ich puritanisch eingestellt und geniesse den Wein so, wie er sich gerade präsentiert. Wenn Sie einen jungen Wein trinken wollen, empfehle ich Ihnen, ihn einige Stunden vorher zu dekantieren. So bekommt er genügend Sauerstoff und wird wahrscheinlich nachher seine ganze Schönheit zeigen. Es lohnt sich auch, ältere Weine umzuschütten. Falls Sie diesen Quirler wirklich ausprobieren wollen, dann empfehle ich Ihnen, einen Test mit dem gleichen Wein durchzuführen, einmal mit dem Gerät, einmal dekantieren.

Wann ist ein Wein koscher?

A. M. aus G. will wissen, worin der Unterschied zwischen koscherem und nicht koscherem Wein bestehe. Nach welchen Regeln wird ein koscherer Tropfen vinifiziert? Welche Schönungsmittel dürfen nicht verwendet werden? Sind die koscheren Weine gleichzeitig vegan? Zudem ist der Leserin aufgefallen, dass die koscheren Weine vorwiegend süss waren. Ist dies Zufall?

Damit ein Wein als koscher gilt, haben die Produzenten, die vorwiegend in Israel tätig sind, einige Vorschriften zu erfüllen. Er kann aus einer beliebigen Rebsorte produziert werden. Auch der Stil spielt keine Rolle. Also trocken ist ebenso möglich wie halbtrocken und süss. So gesehen ist es ein Zufall, dass Ihnen vor allem Dessertweine begegnet sind.

Der Wein muss von orthodoxen Juden verarbeitet werden. Wer nicht gläubig ist, kann einen Priester bei der Vinifikation beiziehen. Schönungsmittel wie Gelatine (tierisches Produkt), Kasein (aus Milch hergestellt) und Hausenblase (wenn sie von einem nicht koscheren Fisch stammt) sind nicht erlaubt. Somit kann koscherer Wein auch für Vegetarier und Veganer infrage kommen, für Letztere aber nur dann, wenn bei der Bereitung kein Eiweiss verwendet wird. In Israel hergestellte Gewächse haben weitere Bedingungen zu erfüllen. So darf kein Wein von einer Rebe stammen, die ihr viertes Jahr noch nicht erreicht hat. Im siebten Jahr muss der Weingarten brachliegen, in dem ausser Reben nichts anderes wachsen darf. Schliesslich existiert eine symbolische Zeremonie: Etwa 1 Prozent des erzeugten Weines muss weggeschüttet werden – ein Symbol für den Zehnten, der den Hohen Priestern während des Bestehens des ersten und zweiten Tempels abgegeben werden musste. Übrigens: Sie finden durchaus koschere Weine im Handel, die qualitativ überzeugen. Eines der besten Güter in Israel ist der Produzent Golan Heights mit seiner Linie «Yarden».

SCHAUM- UND SÜSSWEINE

Was darf sich Champagner nennen?

Z. G. aus S. fragt: Darf ein Produzent aus der Champagne, der einen stillen Wein abfüllt, ihn ebenfalls Champagner nennen? Gibt es aus dieser Region überhaupt Gewächse, die nicht schäumen?

Es gibt in der weltberühmten Champagne tatsächlich eine kleine Menge Stillwein, der jedoch ausserhalb der Region kaum bekannt ist. Der Wein darf sich nicht Champagner nennen. Er kommt vielmehr als AC Coteaux Champenois auf den Markt, in roter und weisser Farbe. Das kühle Gebiet bringt Weine mit einer hohen Säure hervor. Sie sind leicht. Die Rotweine bereiten nur in reifen Jahren ein Trinkvergnügen. Zudem wird ein Rosé als Rosé des Riceys angeboten.

Das Label Champagner gilt ausschliesslich für den Schaumwein aus dem gleichnamigen Anbaugebiet. Er wird nach der traditionellen Methode erzeugt, also mit der zweiten Gärung in der Flasche. Kein anderer Schaumwein der Welt darf sich Champagner nennen. Selbst die Bezeichnung «Champagner-Verfahren» ist heute nicht mehr gestattet. Die Champagne beansprucht für ihr Produkt eine gewisse Exklusivität und setzt diese gegen Konkurrenten durch. Allerdings ist Champagner eines der meist kontrollierten Produkte. Die Häuser vermarkten ihre Schäumer aufwendig. Zurzeit sind in der Champagne rund 35 000 Hektaren mit Reben bestockt. Zugelassen sind die drei Sorten Chardonnay, Pinot noir und Pinot Meunier. Man unterscheidet verschiedene Stile. Am verbreitetsten ist der jahrgangslose Grundtyp in der Brut-Version. In sehr guten Jahren wird ein Jahrgangs-Champagner abgefüllt. Der Blanc de Blancs besteht zu 100 Prozent aus Chardonnay, der Blanc de Noirs aus dunklen Trauben. Rosé-Champagner entsteht durch Beimischen von etwas Rotwein. Die grossen Häuser geben auch noch eine Luxus- oder Prestige-Cuvée heraus, so wie es Moët & Chandon mit der berühmten Dom Pérignon vorgemacht hat. Sie war zusammen mit der Cristal aus dem Hause Roederer die erste Prestige-Cuvée, die 1936 auf den Markt kam und damit ein neues Segment begründete. Der Wein, aus Chardonnay und Pinot noir, wurde nach dem Benediktinermönch benannt. Er lebte von 1638 bis 1715. Heute ist der Wein ein Mythos. Die Prestige-Cuvées sind oft doppelt so teuer wie die Jahrgangs-Champagner.

Wie erkennt man die Qualität eines Champagners?

M. W. aus Z. fragt: Können Sie den Unterschied zwischen einem prickelnden und einem hochwertigen Champagner erklären? Welches sind die wichtigsten Qualitätskriterien?

Champagner zeichnet sich durch die Perlenbildung aus, die dem Schaumwein einen aussergewöhnlichen Charakter gibt. Die Perlage entsteht, wenn beim Öffnen der Flasche das in Flüssigkeit gelöste Kohlendioxid aus einem stabilen in einen instabilen Zustand übergeht. Es dauert einige Stunden, bis die Perlenbildung in einer Flasche mit perlendem Schaumwein völlig aufhört, das heisst, das gesamte Kohlendioxid wird auf diese Art und Weise freigesetzt.

Das Prickeln ist die Folge der zweiten Gärung, die beim Champagner in den Flaschen stattfinden muss und durch ein Gemisch von Zucker und Hefe ausgelöst wird. Einen hochwertigen Champagner erkennt man daran, dass sich beim Einschenken äusserst feine Perlen bilden und die Schaumentwicklung relativ lange anhält. Bei durchschnittlichen Produkten fällt der Schaum dagegen sofort zusammen. Wie bei einem sehr guten trockenen Wein zeichnet sich auch ein Champagner dadurch aus, dass die verschiedenen Elemente wie Frucht, (Kohlen-)Säure, Körper in einem perfekten Verhältnis zueinander stehen. Leider kosten hochwertige Beispiele relativ viel Geld. Es lohnt sich jedoch, in eine gute Flasche zu investieren. Sonst weichen Sie lieber auf Alternativen aus.

Wie wird ein Champagner fachmännisch entkorkt?

H. K. aus G. fragt, wie man den Champagner fachmännisch entkorke. Wird die Flasche von Hand geöffnet oder mithilfe eines Geräts? Sollte etwas Schaumwein aus der Flasche spritzen oder sollte gerade dies vermieden werden?

Schauen Sie sich die Siegesfeiern bei der Formel 1 an: Die Flasche wird kräftig geschüttelt, damit der wertvolle Inhalt mit viel Druck aus der Flasche spritzt. Spass beiseite! Dieses schlechte Beispiel muss man selbstverständlich nicht imitieren. Ich rate Ihnen zu folgendem Vorgehen: Der Champagner wird sehr vorsichtig geöffnet. Wegen der Kohlensäure ist die Gefahr gross, dass mit einem kleinen Verlust zu rechnen ist. Zuerst entfernt man die Agraffe, das Drahtgestell. Dann ist es ratsam, den Korken langsam herauszudrehen. Wenn der Schaumwein vorher nicht übermässig geschüttelt worden ist, sollte keine Flüssigkeit verloren gehen. Zur Sicherheit können Sie eine Stoffserviette um den Flaschenhals legen. Sie dient

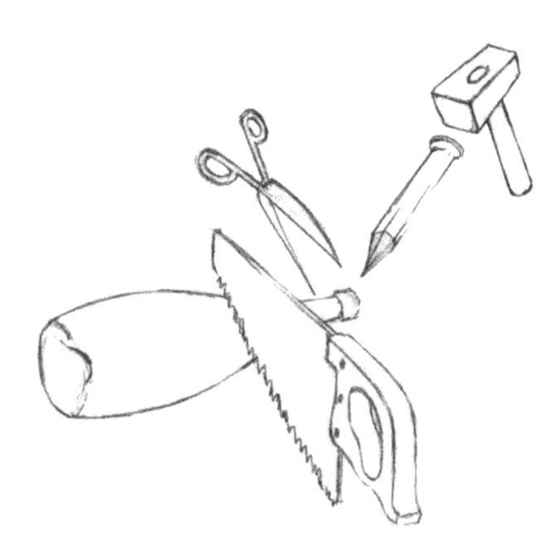

als Schutz gegen ein allfälliges Überschäumen. Als Alternative gibt es die Champagner-Zange. Man legt sie um den Korken. Er wird auf diese Art und Weise vorsichtig gelockert. Für meinen Geschmack lohnt sich eine solche Investition nicht. Legen Sie Ihr Geld besser in eine gute Flasche Champagner an.

Warum kosten Jahrgangs-Champagner so viel?

G. D. aus Z. will wissen, warum ein Jahrgangs-Champagner so teuer sei. So viel er wisse, koste die Herstellung eines qualitativ hochstehenden Rotweines inklusive Barrique-Ausbau rund 15 Franken. Wie sehen die Produktionskosten beim Champagner aus?

Champagner ist ein Luxusprodukt. Es wird mit viel Aufwand produziert, nicht zuletzt wegen der zweiten Gärung. Der Wein wird nachher mindestens 15 Monate auf dem Hefesatz gelagert. Dann werden die Flaschen gerüttelt, meistens maschinell, damit sich das Depot am Flaschenhals sammelt. Es muss entfernt werden, sonst wäre der Champagner trüb. Die Entfernung geschieht meistens durch Einfrieren des Flaschenhalses samt Depot. Die Flaschen, die vorher auf den Kopf gestellt wurden, werden dann wieder gedreht und geöffnet. Der Vorgang hat zur Folge, dass das Depot als Eispfropfen aus dem Flaschenhals schiesst.

Jahrgangs-Champagner werden nur in besonders guten Jahren produziert. Das kommt durchschnittlich drei- bis viermal pro Jahrzehnt vor. Dies verteuert die Produktion nochmals. Zudem wird Champagner als ein «besonderes» Produkt vermarktet. Dieses «Prestige» muss bezahlt werden. Zudem hängt der Verkaufspreis wie bei jedem anderen Produkt vom Angebot und der Nachfrage ab. Jahrgangs-Champagner und auch die Prestige-Cuvées der namhaften Häuser sind weltweit so begehrt, dass die Verkaufspreise die Produktionskosten um ein Mehrfaches übertreffen. Dagegen sind die jahrgangslosen Abfüllungen der grossen Marken oft ein Kampfartikel der Detailhändler und Discounter. Vor Feiertagen kommen diese Flaschen mit Rabatten von 20 und mehr Prozent in die Regale.

Vor der Finanzkrise reichte die Champagner-Produktion kaum aus, um die weltweite Nachfrage zu befriedigen. Man diskutierte daher über einen Ausbau der Rebflächen, ein heikles Unterfangen, denn die besten Lagen sind bereits mit Rebstöcken bepflanzt. Bei rückläufigen Verkäufen gingen auch die Preise zurück. Nichtsdestotrotz bleibt Champagner ein edles, prestigeträchtiges Produkt. Jeder Konsument hat für sich selber zu entscheiden, wie viel ihm eine Flasche dieses Schaumweines wert ist.

Was bedeuten die Bezeichnungen «NM» oder «RM» auf Champagner-Etiketten?

J. H. aus D. schreibt, dass Champagner-Produzenten mit einer Nummer identifiziert würden. Vor dieser Nummer stünden auf der Etikette zwei Buchstaben: NM, RM, CM, RC oder MA. Kann man daraus eine brauchbare Information ableiten?

Das kann man sehr wohl. Auf den Etiketten werden je nach Anbaugebiet von Gesetzes wegen gewisse Angaben verlangt. In der Champagne sind es unter anderem die von Ihnen erwähnten Abkürzungen. Sie haben die Registernummer des Erzeugers bereits angesprochen. Die beiden Buchstaben geben weitere Hinweise über den Produzenten.

NM bedeutet «négociant-manipulant», das heisst, es handelt sich um ein Handelshaus oder einen grösseren Hersteller von Champagner. RM ist ein «récoltant-manipulant», ein Erzeuger, der sowohl Winzer als auch Erzeuger des Schaumweines ist. CM ist die Abkürzung für «coopérative de manipulation», eine Genossenschaftskellerei, die verschiedene Weinbauern unter Vertrag hat und dann den Wein produziert. RC ist ein «récoltant-coopérateur», ein Genossenschaftsmitglied mit einem eigenen Vertrieb. Und MA bedeutet soviel wie «marque d'acheteur». Hier handelt es sich um die Hausmarke eines Käufers. Am häufigsten begegnen Sie den drei erstgenannten Begriffen.

Worin besteht der Unterschied zwischen Champagner und Crémant?

M. E. aus Z. will wissen, worin der Unterschied zwischen einem Champagner und einem Crémant besteht. Sind die beiden Schaumweine miteinander verwandt? Welches sind die Qualitätskriterien für einen guten Crémant?

Crémant ist der Ausdruck für alle in Frankreich nach der traditionellen Methode hergestellten Schaumweine, ausser den Champagnern. Diese Bezeichnung ist exklusiv den Schaumweinen aus der gleichnamigen Region vorbehalten. Für Crémants findet die zweite Gärung ebenfalls in der Flasche statt. Der Ausdruck wurde Ende der 1980er-Jahre eingeführt. Die wichtigsten Anbaugebiete für Crémants sind das Elsass, Burgund, die Loire, Limoux, Bordeaux, Jura und Die aus dem Rhonetal. Die Rebsorten variieren je nach Gebiet. Die Regeln für die Herstellung sind jedoch einheitlich. Dazu gehört die Ganztraubenpresssung mit einer maximalen Ausbeute von 100 Litern pro 150 Kilogramm, eine Mindestzeit von neun Monaten für die Verweildauer auf der Hefe sowie eine obligatorische Geschmacksprüfung. Der Höchstgehalt an Schwefeldioxid darf 150 mg/Liter nicht übersteigen.

Vielleicht zwei, drei Hinweise zu den wichtigsten Crémant-Appellationen. Im Elsass dürfen Pinot gris, Pinot blanc, Pinot noir, Auxerrois, Riesling und Chardonnay für die Produktion verwendet werden. Die Weine zeichnen sich durch eine feine Mousse, einen hohen Säuregehalt, leichten Körper und kräftigen Geschmack aus. Im Burgund dürfen alle im Anbaugebiet zugelassenen Rebsorten gebraucht werden. Die Crémants aus dem Süden sind voll und mild, jene aus dem Norden leichter und frischer. In der Loire macht die Chenin blanc den Hauptteil aus. Sauvignon blanc ist nicht erlaubt. In der Regel erreichen die Winzer in dieser Appellation eine sehr gute Qualität. Nirgends sind die Erträge geringer als an der Loire mit 50 Hektolitern pro Hektare.

Ist der Lambrusco am Aussterben?

K. W. aus S. hat einen Lambrusco zum Apéro getrunken. Ihn interessieren ein paar Details zu diesem Schaumwein aus Italien. Wie wird er hergestellt? Wie ist die Lagerfähigkeit? Welches ist die ideale Trinktemperatur? Eignet er sich als Essensbegleiter? Ist der Lambrusco am Aussterben oder erholt er sich von seinem einst schlechten Ruf?

Das Image des Lambrusco aus der Emilia-Romagna ist tatsächlich sehr bescheiden. Die Produktion besteht meistens aus Massenabfüllungen, die über den Detailhandel und die Discounter vertrieben werden. Gute Lambrusco-Weine sind selten anzutreffen. Die Fachzeitschrift *Merum* ist eine glühende Verfechterin des fast vergessen gegangenen Perlweines. Ein qualitätsvoller Lambrusco sollte stets eine traubige Aromenfrische aufweisen. Die Produzenten legen dafür frischen Traubenmost für die zweite Gärung im Kühltank auf die Seite. Muss eine neue Charge abgefüllt werden, dann wird dieser Most entweder pur, meist aber zusammen mit trockenem Lambrusco-Wein frisch vergoren. Die «Spumantisierung» kann wenige Tage oder zehn Wochen in Anspruch nehmen. Je feiner die Perlage und die Aromen sein sollen, desto länger lässt man sich mit der Gärung Zeit. Beim sehr preiswerten Lambrusco geht es rasch vorwärts, wobei ein Mostkonzentrat einem müden Grundwein das Prickeln beibringen soll.

Lambrusco aus der gleichnamigen Rebsorte kann trocken, leicht süss oder gar lieblich ausfallen, ist aber stets mit einer kräftigen Säure versehen. Es empfiehlt sich, den Wein jung zu trinken. 12 bis 14 Grad Celsius scheinen mir eine ideale Trinktemperatur zu sein. Lambrusco, so sagt man, passt zu den kräftigen Speisen der Emilia-Romagna, insbesondere Wurstwaren. Ob es die wenigen Produzenten, die ein ambitioniertes Produkt anbieten wollen, schaffen, dem Perlwein neuen Glanz zu verleihen, ist zweifelhaft. Lambrusco stirbt zwar nicht aus, bleibt aber leider wohl in erster Linie anonyme Massenware.

Wie entstehen Süssweine?

N. N. aus K. geniesst gerne Süssweine. Sie fragt, wie diese Gewächse eigentlich entstehen. Aus welchen Gebieten kommen die besten Vertreter? Welches sind die Preise für die Preziosen?

Die edelsüssen Elixiere gehören zum Feinsten, was die Trinkkultur zu bieten hat. Das Angebot ist unglaublich reich an Stilen, Typen, Formen, Düften. Süssweine können auf unterschiedlichste Art und Weise entstehen, wobei der natürliche Zucker in den Trauben konzentriert wird. Weit verbreitet ist ein Schimmelpilz (Botrytis cinerea), der sich dank dem Wechselspiel von Morgennebel und Sonnenschein bildet. Traubenbeeren können aber auch getrocknet werden. Man wartet, bis sie am Rebstock rosinieren oder legt sie nach der Lese auf Stroh- oder Schilfmatten aus. In kühleren Gegenden ist die gefrorene Süsse verbreitet: Die Erntehelfer dürfen die Trauben erst bei minus 8 Grad Celsius lesen. Süssweine können zudem aufgespritet, das heisst, mit Alkohol verstärkt werden.

Ein grosser Anbieter ist Deutschland, dank Trockenbeeren- und Beerenauslesen (Botrytis) sowie Eisweinen aus der Sorte Riesling. Frankreich liefert die berühmten Sauternes-Weine aus dem Bordeaux, die dank dem Schimmelpilz entstehen. Ebenfalls mithilfe der Botrytis werden die Tokajer aus Ungarn produziert, wobei sich die Herstellung von jener in Bordeaux unterscheidet. Aufgespritete Beispiele sind die Portweine aus Portugal und die Banyuls aus Südfrankreich. Die Erträge liegen naturgemäss sehr tief. Diese Faktoren führen dazu, dass edelsüsse Weine nicht günstig sind. Die Preise reichen von 30 Franken pro halbe Flasche bis weit in den dreistelligen Bereich hinein, etwa für einen Château d'Yquem aus dem Sauternes.

Sind Sauternes-Weine sofort trinkbereit?

F. B. aus E. schreibt, dass rote Bordeaux rund fünf bis acht Jahre im Keller ruhen sollten, bis sie trinkreif seien. Wie verhält es sich bei den Süssweinen aus dem Sauternes und Barsac? Sollte ebenfalls eine Lagerfrist eingehalten werden?

Bordeaux steht für Langlebigkeit, auch bei den Süssweinen. Hochwertige Sauternes erreichen ein Alter von 50 Jahren und mehr, falls sie aus einem sehr guten Botrytis-Jahr stammen. Der älteste Wein, den ich je getrunken habe, war ein Château d'Yquem aus dem Jahr 1937, der sich auch im hohen Alter immer noch frisch und komplex zeigte. Der hohe Zuckergehalt in den Weinen wirkt als Konservator. Zudem zeichnen sich die aus Sémillon und Sauvignon blanc erzeugten Sauternes durch einen relativ hohen Alkoholgehalt und eine eher tiefe Säure aus. Erst im Laufe der Jahre entsteht die Komplexität, die einen reifen Sauternes oder Barsac auszeichnet. Falls Sie nicht so lange warten wollen, empfehle ich Ihnen, auf Weine aus mittleren Jahren auszuweichen. Bei den Süssweinen aus dem Bordelais lohnt es sich, auf die wirklich ausgezeichneten Jahrgänge wie beispielsweise 2001 oder 2007 zu setzen.

In welchem Glas entfaltet sich ein Sauternes am besten?

A. M. aus K. weiss nicht recht, welches Glas er für einen Sauternes nehmen soll. Da man den Dessertwein eher in kleinen Dosen geniesse, benutze er meistens ein schlankes Sherry-Gläschen. In solchen Behältnissen käme aber das Bouquet nicht so richtig zum Tragen, was gerade bei einem älteren, gut gelagerten Sauternes ein Nachteil sei. Haben Sie einen Vorschlag, welches Glas sich am besten eignet?

Der Leser liegt mit seiner Vermutung goldrichtig. Das Sherry-Glas ist effektiv zu klein für einen Sauternes oder anderen Süsswein. Diese Provenienzen betören durch eine ungeheure, aromatische Komplexität in Nase und Gaumen. Damit sich das Bouquet entfalten kann, braucht es meiner Meinung nach ein nicht zu dickes Glas mit einer breiteren Öffnung nach oben. Der österreichische Produzent Riedel hat ein spezielles Glas für Dessertweine mit einem etwas eigenwilligen Design entwickelt (siehe auch www.riedel.com). Es stammt aus der Serie «Sommelier». Nun ist es schon aus Platzgründen nicht möglich, für jede Traubensorte ein spezielles Glas zu kaufen. Ich trinke Sauternes aus dem Bordeaux-Glas und mache damit gute Erfahrungen.

Welches sind die Unterschiede zwischen einem kanadischen Eiswein und Tokajer?

G. C. aus W. hat kürzlich zwei Eisweine erhalten, einen aus der kanadischen Niagara-Region, den anderen aus Ungarn, einen Tokaji Aszú. Worin bestehen die Unterschiede zwischen den beiden Gewächsen? Zudem stehe auf der Etikette des ungarischen Weines die Zahl «3». Was bedeutet sie? Wird Eiswein mit der Zeit süsser?

Beim Eiswein und beim Tokajer handelt sich um zwei unterschiedliche Süsswein-Typen. Sie werden völlig anders produziert. Ein Tokajer aus Ungarn wird teilweise aus edelfaulen, geschrumpften Trauben gekeltert. Die hauptsächlichen Rebsorten heissen Furmint und Hárslevelü. Die sogenannte Botrytis entsteht an jenen Orten, in denen am Morgen eine hohe Luftfeuchtigkeit und/oder Nebel herrscht und es tagsüber wieder wärmer und sonniger wird. Die Konzentration des von Ihnen genannten Aszú-Weines wird mit der Zahl der «puttonyos» gemessen. Dabei handelt es sich um sogenannte Butten mit einem Inhalt von rund 27 Litern. «Drei» bedeutet eine Restsüsse von 60 Gramm/Liter. «Sechs» entsprechen 150 Gramm/Liter. Ganz zuoberst der süssen Hierarchie finden sich «Aszúeszencia-Weine» mit 180 Gramm/Liter.

Dagegen werden Eisweine aus gefrorenen Trauben produziert. Sie dürfen erst bei mindestens minus 8 Grad Celsius geerntet werden. Kanada ist berühmt für diese Spezialitäten, die entweder aus der Hybrid-Rebe Vidal oder zunehmend auch aus Riesling gekeltert werden. Hauptanbaugebiete sind Ontario im Osten und British Columbia im Westen des Landes. Gute Eisweine gibt es auch aus Deutschland. Süssweine reifen hervorragend, teilweise über Jahrzehnte.

Wenn nicht genügend Säure vorhanden ist, die als Konservator wirkt, kann im Laufe der Zeit der Eindruck entstehen, dass die Weine «süsser» und plumper werden. Sowohl Eisweine als auch Tokajer brillieren mit einer unglaublichen Aroma- und Geschmacksfülle.

Gibt es rote Süssweine?

V. E. aus Z. fragt: Warum gibt es kaum bekannte rote Süssweine? Kennen Sie empfehlenswerte Beispiele? Existiert keine rote Traubensorte, die sich für diesen Weintyp eignen würde?

Rote Süssweine sind weniger verbreitet als weisse. Einer der bekanntesten Süssweine ist der aufgespritete Port aus Portugal. Die Grundlage sind diverse rote Sorten aus dem Douro-Tal. Dazu gehört Touriga Nacional, die farbintensive, tanninreiche Weine ergibt. Touriga Franca ist etwas leichter im Stil. Tinta Roriz, in Spanien als Tempranillo bekannt, sorgt für die Kernigkeit und Länge des fertigen Portweines. Tinta Barroca liefert körperreiche Weine mit einem hohen Zuckergehalt. Ebenfalls bedeutend ist Tinta Cão mit der zusätzlichen Geschmacksfülle. Die Komposition aus den einzelnen Rebsorten macht einen der Reize beim Portwein aus. Er wird in unterschiedlichen Versionen angeboten, als Ruby, als Tawny, als Vintage oder als Late Bottled Vintage.

Aus Südfrankreich stammen Banyuls und Maury, die teilweise oder ganz aus der roten Grenache gekeltert werden. Es sind sogenannte Vins Doux Naturels, die durch künstliches Abstoppen der Gärung mit Weingeist entstehen. Der starke Süsswein wird durch den Geschmack der Trauben bestimmt, der den Weingeschmack übertönt. Banyuls und Maury zeigen oft schwere Aromen von gemaischter roter Frucht und zeichnen sich durch einen kräftigen, konzentrierten Körper aus. Aus Zypern kommt mit dem Commanderia einer der klassischsten Weine der Welt. Er wird aus der roten Sorte Mavro, die nach der Lese einen Mindestzuckergehalt von 258 Gramm/Liter aufweisen muss, und der weissen Xynisteri erzeugt. Die Trauben werden in der Sonne getrocknet. Nach der Gärung darf Weingeist zugesetzt werden. Das Resultat ist ein dunkler, rosinenartiger Dessertwein. Auch der Recioto aus dem Veneto wird aus roten Trauben in rosiniertem Zustand gepresst. Der Wein ist sehr süss.

Wie konsumiert man Portwein richtig?

F. B. aus E. schreibt, dass man eine geöffnete Flasche eines üblichen Portweines über mehrere Wochen mit geringem Qualitätsverlust geniessen könne. Der Vintage sei dagegen innerhalb von zwei, drei Tagen zu konsumieren. Warum besteht der Unterschied? Warum ist der Qualitätsverlust beim Vintage höher?

Die Geniessbarkeit von Port hängt stark vom einzelnen Stil ab. Die Weine reifen entweder in der Flasche oder im Fass. Ruby ist ein einfacher, preiswerter Wein, der nach zwei, drei Jahren Alterung in grossen Behältern filtriert abgefüllt wird. Er kann problemlos über mehrere Wochen getrunken werden, wenn die Flasche geöffnet ist. Er wird nicht besser, aber auch nicht schlechter. Länger im Fass reift ein Tawny, bis er die rubinrote Farbe verloren und eine bernstein-braune Färbung («tawny») angenommen hat. Er kann ebenfalls über mehrere Tage getrunken werden. Etwas anders sieht es bei fassgereiften Beispielen von 10, 20, 30 und 40 Jahren aus. Die Qualitäten sind höher und bieten im Idealfall ein schönes Trinkvergnügen. Ein solcher Wein oxidiert nach dem Öffnen relativ schnell, weil er nicht so robust ist. Die Frucht geht schnell verloren. Daher die Empfehlung: innert einem bis drei Tagen konsumieren.

Port aus einem deklarierten Jahrgang (Vintage) braucht eine lange Reifezeit in der Flasche. Es ist der teuerste und hochwertigste Stil. Der Wein wird vor der Abfüllung nicht filtriert, sodass im Laufe der Zeit ein starkes Depot (Bodensatz) entsteht. Daher muss der Wein unbedingt dekantiert und dann sofort getrunken werden. Das Gleiche gilt für den Typ «Late Bottled Vintage», der ein im vierten bis sechsten Jahr nach der Lese abgefüllter Wein aus einem einzigen Jahrgang ist. Es handelt sich um eine qualitativ gute und preiswerte Alternative zum Vintage. Wenn Sie einem «Colheita» begegnen, dann ist es ein Portwein, der mindestens sieben Jahre im Fass gereift ist. Das Abfülldatum wird jeweils auf der Etikette erwähnt. Spätestens innerhalb eines Jahres nach diesem Datum sollten Sie den Wein getrunken haben.

Wie sollen Madeira-Weine gelagert werden?

H. P. V. aus K. schreibt: Madeira-Weine hätten einen Naturkorken und würden trotzdem stehend gelagert, wie ein Freund von ihm gesagt habe. Ist das korrekt oder sollte man diese Weine ebenfalls liegend lagern? Bei den sehr lagerfähigen Gewächsen müsste doch darauf geachtet werden, dass der Korken nicht austrockne.

Es gibt keinen anderen Wein der Welt, der so langlebig ist wie der aufgespritete Madeira. Die besten Beispiele erreichen ein Alter von bis zu 100 Jahren. Diese Fähigkeit hat der Wein der portugiesischen Insel seiner speziellen Zubereitungsart zu verdanken. Er wird künstlich erhitzt (sogenanntes Estufa-System) oder reift natürlicherweise dank der Sonneneinstrahlung unter den Dächern der Lagerhäuser, im Extremfall bis zu 20 Jahre.

Die Handelshäuser auf Madeira sind überzeugt, dass der Wein unter keinen Umständen oxidieren und damit verderben kann. Aus diesem Grund werden die Flaschen tatsächlich stehend und nicht liegend aufbewahrt. Damit soll verhindert werden, dass ein schlechter Kork den Wein verdirbt. Die besten Jahrgänge, die bei den Produzenten reifen, werden jeweils nach 20 Jahren neu verkorkt. Sie können also Madeira-Weine problemlos senkrecht im Keller aufbewahren, ohne dass Sie einen Nachteil befürchten müssen. Im Übrigen lässt sich eine geöffnete Flasche auch nach Wochen mit Genuss und ohne qualitative Einbusse trinken. Madeira ist ein Nischenprodukt und eine Spezialität für Kenner. Die qualitativ besten Weine werden aus vier weissen Rebsorten produziert, die gleichzeitig den Stil definieren. Aus Sercial entstehen trockene Beispiele. Gewächse aus Verdelho werden halbtrocken mit einem Restzuckergehalt von bis zu 40 Gramm/Liter ausgebaut. Bual ist jene Sorte, aus der halbsüsse Madeira produziert werden. Der Restzuckergehalt kann bis zu 60 Gramm/Liter betragen. Süsse Versionen entstehen aus Malvasia. Für Standardqualitäten wird auf die rote Sorte Tinta Negra Mole gesetzt. Sie darf jedoch auf dem Etikett nicht als Rebsorte erscheinen.

Wann ist ein Vin jaune trinkbereit?

T. S. aus F. fragt, wie lange man einen Vin jaune lagern soll. Es heisse manchmal, der Wein sei erst nach 20 Jahren überhaupt trinkbereit. Wem und wann kann ein solch spezieller Tropfen überhaupt serviert werden?

Der Vin jaune aus dem französischen Jura lässt sich nicht in eine Kategorie einordnen. Die Spezialität gleicht einem Sherry aus Spanien, wird jedoch nicht aufgespritet. Nach der Gärung wird der Vin jaune in ein Fass gefüllt, allerdings nur bis zu einem gewissen Level. Darüber soll sich die sogenannte Kammhefe bilden, die eine gewisse Ähnlichkeit mit der Florhefe des Sherry hat. Die Oxidation, also die Zufuhr von Sauerstoff, ist ein wichtiges Element für die Entstehung dieses nicht alltäglichen Weines aus der Rebsorte Savagnin. Er darf erst nach einer langen Reifezeit in Flaschen abgefüllt werden, genau nach sechs Jahren und drei Monaten.

Die Grösse der Flaschen beträgt kurioserweise 62 cl. Doch diese Menge ist nicht zufällig ausgewählt worden. Sie entspricht genau dem, was von einem Liter übrig bleibt. Sehr gute Vins jaunes sind bis zu 50 Jahren und mehr lagerfähig. Wenn der Wein auf dem Markt lanciert wird, ist er trinkbereit. Ich würde ihn bei einer Temperatur von 12 bis 14 Grad Celsius servieren und zwei, drei Stunden vorher öffnen. Die klassische Kombination ist eine Mahlzeit mit Geflügel. Dazu werden eine Sauce aus Vin jaune und der Wein selber serviert. Auch Hartkäse passen gut zu dieser Spezialität. Wer offen für Neues ist, dem darf ein solcher Wein problemlos serviert werden. Einige Leute werden davon positiv überrascht sein. Bei weniger entdeckungsfreudigen Gästen würde ich auf klassische Weine setzen.

WEIN
UND SPEISEN

Wird der gleiche Wein zum Trinken und Kochen verwendet?

F. B. aus L. hat einen Coq au vin gekocht und dafür einen schönen Burgunder aus der Lage Aloxe-Corton verwendet. Den gleichen Wein hat er nachher zum Essen serviert. Ist es Verschwendung, gute Tropfen für die Sauce zu verwenden? Hätte es auch gereicht, einen einfachen Wein zum Kochen zu gebrauchen?

Das ist keine Verschwendung, im Gegenteil. Ich bewundere Ihren Mut, einen guten Wein für die Sauce zu verwenden. Der Schritt hat nicht nur das Gericht aufgewertet. Es hat wohl auch sehr gut zum gereichten Wein gepasst. Gelegentlich darf man sich den Luxus leisten, einen guten bis sehr guten Tropfen zum Kochen auszuwählen. Wenn Sie, wie in Ihrem Falle, einen roten Burgunder aus Pinot noir kredenzen, dann empfiehlt es sich auf jeden Fall, einen Wein aus der gleichen Sorte für die Sauce einzusetzen. Es wäre schade für das Menü, einen zu simplen oder gar einen Wein mit einem Korkton zu gebrauchen. Es liegt auf der Hand, dass das Prozedere irgendwann etwas teurer wird, wenn Sie das gleiche Gewächs für das Kochen und den Genuss öffnen. Man findet preiswertere Qualitäten, die für Saucen genügen.

Ich gebe Ihnen gerne ein Rezeptbeispiel. Es gibt ein Gericht, das sich «Arbeiterkartoffeln» nennt. Für dieses Rezept des ambitionierten Kochs Beat Caduff von der «Caduff's Wineloft» in Zürich braucht es einen weissen Burgunder. Das muss nicht zwingend ein Premier oder Grand Cru sein. Ein «normaler» Meursault reicht in diesem Fall bestens und veredelt das Gericht immer noch perfekt.

Hier die weiteren Zutaten für die «Arbeiterkartoffeln». Man besorge sich die beste Qualität: Kartoffeln, weisse Trüffeln aus dem Piemont, Schalotten, Weisswein, Knoblauch, Butter, Rahm, Salz und Pfeffer. In einer grossen Pfanne lässt man die Butter schmelzen und dünstet darin die in Lamellen geschnittenen Schalotten und Knoblauchzehen an. Bereits in dieser Phase raspelt man etwas vom fein säuberlich geputzten Trüffel dazu. Jetzt tut man gut daran, die geschälten und in Scheiben geschnittenen Kartoffeln beizumengen und das ganze mit Weisswein (Meursault!) abzulöschen. Den Rahm zu den Kartoffeln rein. Er sollte in der Menge so bemessen sein, dass er beim Aufkochen etwas über die oberste Schicht Kartoffeln hinausquillt. Das Ganze sollte sich jetzt zugedeckt und bei kleinem Feuer beziehungsweise niedriger Stufe dahinziehen. Nun ja, den teuren Trüffel nicht vergessen und je nach Grösse immer wieder grosszügiger oder schnürzeliger über das garende Gericht raspeln. Schön ists natürlich, wenn man am Schluss noch einen Trumpf beziehungsweise etwas Trüffel in der Hand hat, um die angerichteten Portionen noch leicht mit einer Nachraspelung eindecken zu können.

Wichtig: Die einzelnen Mengen und die Garzeit sind nicht definiert. Sie sind dem Gusto jedes geniessenden Gelegenheitskochs überlassen. Ein kleiner Hinweis allerdings noch: Kartoffeln garen im Weisswein langsamer als im Wasser. In diesem Sinne viel Vergnügen mit den «Arbeiterkartoffeln», die sich am besten mit einem weissen Burgunder aus den Kategorien Premier Cru oder Grand Cru begleiten lassen. Unwiderstehlich und unvergesslich!

Wie findet man den richtigen Wein zum entsprechenden Gericht?

F. H. aus C. schreibt, dass ein guter Wein mit einem passenden Essen doppelt so gut schmecke, wie wenn man ihn allein trinke. Wie jedoch findet man die passende Kombination? Gibt es Regeln, die immer Gültigkeit haben, oder muss man einfach gemäss Versuch und Irrtum vorgehen?

Ein Wein kann mit einem Gericht wunderbar harmonieren und zu einer anderen Speise überhaupt nicht passen. Solche Kombinationen sind ein nicht ungefährliches Terrain, das schon einmal zu einem Fehltritt führen kann. Je mehr Sie über Wein wissen und je mehr individuelle Erfahrungen Sie sammeln, um so sicherer agieren Sie in dieser Frage.

Patentrezepte existieren nicht. Grundsätzlich begleiten leichte Weine ebensolche Gerichte. Schwere Weine werden zu schweren Gängen serviert. Intensive Aromen des Essens bedingen einen solchen Wein. Aber es gilt ja auch die Regel, dass sich Gegensätze anziehen. Prinzipiell sollte weder der eine noch andere Part dominieren. Wenn der Wein das Gericht zudeckt oder umgekehrt, wird niemand glücklich.

Hier einige allgemeingültige Beispiele, die das gesamte Spektrum selbstverständlich nicht umfassend beantworten: Mit einem Bordeaux, der mit reichlich Tannin und einem vollen Körper ausgestattet ist, fährt man zu einem kräftigen Rindfleischgericht sehr gut. Zu Teigwaren, die nicht mit einer zu scharfen Sauce angerichtet werden, passt meistens ein mittelschwerer Chianti Classico perfekt. Wenn Sie einen säurearmen Weisswein als Apéro servieren, können Sie sich problemlos für ein leicht salziges Apérogebäck entscheiden. Früher hiess es, zu Fisch gehöre ein Weisswein. So stur entscheidet heute keiner mehr. Auch ein leichter, frischer Roter kann eine perfekte Wahl sein. Sie hängt zudem von der Zubereitungsart und der gewählten Sauce ab. Problemfälle sind Artischocken, Tomaten und die meisten Salate. Essig und Wein vertragen sich nicht.

Woher stammt das Tabu, zum Fisch Rotwein zu servieren?

L. G. aus S. schreibt, dass seit einiger Zeit die alte Regel «Fisch immer mit Weisswein» vermehrt infrage gestellt würde. Vor allem Lachs soll man ja auch mit einem leichten, relativ kühl servierten Rotwein kombinieren können. Seine Frage: Woher stammt das Tabu, zum Fisch Rotwein zu servieren? Gibt es irgendeinen objektiven Grund, weshalb Fisch und Rotwein traditionellerweise nicht miteinander aufgetischt wurden?

Weisse Weine zählen zu den klassischen Begleitern von Fischen. Die Tropfen sind frisch, fruchtig, elegant und mit wenig oder keinen Gerbstoffen ausgestattet. Ein schwerer Rotwein würde den feinen Fisch zudecken. Mit diesen Voraussetzungen kann fast nichts schiefgehen. Es ist aber nicht so, dass die Rotweine aus dem Spiel gelassen werden sollten. Bei bestimmten Gerichten ist er gar die bessere Wahl. Etwa dann, wenn ein gebratener, eher kräftiger Meeresfisch serviert wird. Oder wenn der Fisch von einer kräftigen Sauce begleitet wird. Oder wenn spanische Fischgerichte mit reichlich Knoblauch auf den Tisch kommen. Gefragt sind auf jeden Fall Rotweine mit wenigen Tanninen, etwa ein Beaujolais aus Frankreich oder ein Dolcetto aus dem Piemont. Von zu kräftigen, üppigen, alkoholstarken Gewächsen sollten die Finger gelassen werden.

Welche Weine passen zu asiatischen Speisen?
P. E. aus M. fällt auf, dass Autoren bei den Weintipps zu asiatischen Speisen eher zurückhaltend sind und fast immer einen Weisswein empfehlen. Es wäre aber von Interesse, einige verbindliche, wenn auch gewagte Rotweintipps zu erhalten. Welche roten Provenienzen passen zu einem fernöstlichen Essen, etwa aus China, Thailand oder Malaysia?

Es gibt wohl keine heiklere Kombination. Nur wenige Weine vertragen die Schärfe der asiatischen Gewürze. Als idealer Partner erweisen sich deutsche Rieslinge mit einer gewissen Restsüsse. Sie puffert die Schärfe ab und sorgt für eine Harmonie zwischen Essen und Wein. Auch ein aromatischer Gewürztraminer aus dem Elsass, trocken oder ebenfalls mit Restsüsse, kommt infrage. Bei den Roten wird die Wahl extrem schwierig. Alle gerbstoffreichen Weine können Sie vergessen. Am ehesten passt ein leichter, fruchtiger Roter zu einem asiatischen Gericht, das allerdings nicht zu stark gewürzt sein sollte. Ein Blauburgunder ohne Barrique aus der Schweiz oder Deutschland bietet sich ebenso an wie ein Beaujolais. Sollten die Speisen wirklich sehr scharf gewürzt sein, empfehle ich, auf Wein gänzlich zu verzichten. In diesem Fall trinkt man am besten ein gut gekühltes Bier. In diesem Sinne prosit auf eine nicht ganz einfache Kombination von Wein und Essen!

Welcher Wein passt zu einer Käseplatte?

J. H. aus Z. serviert zum Abschluss eines Nachtessens gerne eine feine Käseplatte. Sie hat schon viele Artikel gefunden, die ihr genau sagen, welcher Wein zu welchem Käse passt. Da die Leserin nicht zu jedem Käse ein eigenes Glas Wein servieren kann, müsste sie eine Weinempfehlung haben, die nicht 100-prozentig zu jeder Sorte passt, aber mit einer gemischten Platte doch einigermassen harmoniert.

Hier eine Lösung zu finden, ist schon fast die Quadratur des Kreises. Wer Hart- und Weichkäse, Kuh- und Ziegenkäse serviert, kommt nicht darum herum, einen Kompromiss einzugehen. Am besten fährt man damit, einen Weisswein zu wählen, der mit einer nicht zu pikanten Säure und etwas Restsüsse ausgestattet ist. Dafür bietet sich der Riesling aus Deutschland an. Den Weisswein gibt es in verschiedenen Stilrichtungen. Eine Auslese oder Spätlese, etwa von der Mosel oder aus dem Rheingau, erfüllt alle Voraussetzungen, um mit verschiedenen Käsesorten zu harmonieren. Eine Alternative ist ein Gewürztraminer aus dem Elsass und Südtirol. Die im Vergleich zu einem Riesling schwereren Weine werden oft mit einer Restsüsse ausgebaut. Auch ein Pinot gris (Grauburgunder) kann infrage kommen, ebenfalls entweder aus dem Elsass oder aus Deutschland. Schwieriger ist das Unterfangen mit Rotweinen. Bei zu vielen Tanninen harmonieren solche Gewächse nicht mit allen Käsesorten. Daher würde ich die sicherere Variante wählen und bei der Farbe weiss bleiben.

Welchen Wein serviert man zu Raclette und Käsefondue?

M. M. aus H. fragt, welche Weine zu Raclette und Käsefondue passen. Ist beispielsweise ein Riesling-Sylvaner aus der Bündner Herrschaft eine gute Wahl? Ist es im Grundsatz richtig, dass zu diesen Speisen vorwiegend Weisse infrage kommen? Oder kann man auf Rotweine ausweichen?

Geschmolzener Käse und Wein ist eine der schwierigsten Kombinationen, die man sich vorstellen kann. Einen allgemein verbindlichen Tipp kann ich nicht einfach aus dem Hut zaubern. Es kommt auf die eigenen Vorlieben an. Generell empfehle ich einen leichten Weisswein ohne Holz und mit einer mittleren Säure. Mit einem Chasselas aus dem Wallis (Fendant) oder der Waadt kann man fast keinen Fehler machen. Halten Sie sich an zuverlässige Produzenten. Auch mit einem eher säurearmen Riesling-Sylvaner aus der Ostschweiz wird man die heitere Runde in gute Stimmung versetzen. Wer etwas mehr wagen will, tischt zur Käsesuppe einen leichten Weissen aus dem Südtirol auf. Dagegen ist ein Riesling aus Deutschland oder Österreich definitiv die falsche Wahl. Zu viel Säure verträgt sich schlecht mit einem Raclette oder Käsefondue. Auch lasse ich Rotweine für einmal im Keller liegen. Auch wenn mir der Tipp schwerfällt: Man kann in diesem Fall auch für einmal auf den edlen Rebensaft ganz verzichten. Stattdessen bewähren sich ein Schwarztee oder eine edle Spirituose vorzüglich als stilvolle Begleiter.

Zu welchen Gerichten serviert man einen Eiswein?

G. M. aus R. will wissen, zu welchen Speisen man Eiswein serviere. Oder wird diese Spezialität solo getrunken? Warum wird Eiswein vorwiegend in Deutschland und Österreich hergestellt? Die Produktion wäre doch auch in der Schweiz bei entsprechend tiefen Temperaturen möglich.

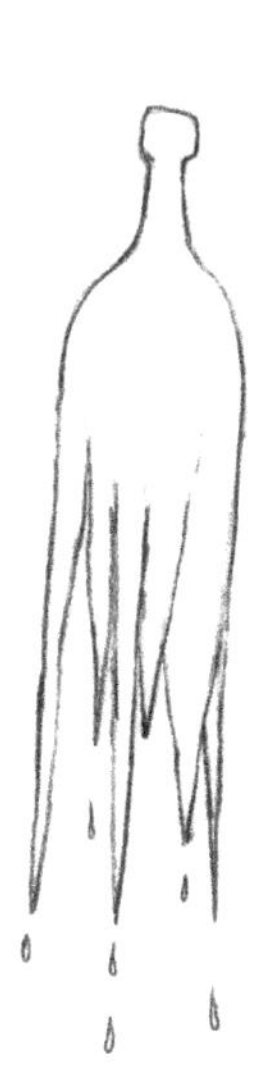

Eisweine sind Meditationsweine. Eigentlich braucht es dazu nichts, und nichts weniger als eine romantische Stimmung zu Hause und etwas Musse. Ein solches Elixier kann einfach für sich allein getrunken und genossen werden. Selbstverständlich bieten sich einige Kombinationen an. Sehr gut passen intensive Käsesorten wie etwa Blauschimmelkäse, Stilton und Gorgonzola. Wer sich eher dem Süssen zugeneigt fühlt, tischt vorzugsweise eine Apfeltarte auf. Weniger gut zu einem konzentrierten Eiswein eignen sich Desserts aus Schokolade. Der Wein ist in der Tat in Deutschland weit verbreitet, einerseits aus klimatischen Gründen, andererseits auch darum, weil sich die Sorte Riesling sehr gut für die Produktion eignet. Sie ist von Natur aus säurebetont. Ich habe in der Schweiz vereinzelt Eisweine angetroffen. Die hierzulande am meisten verbreiteten Sorten sind jedoch nicht ideal, um die Spezialität herzustellen. Dazu kommt, dass die Winzer ein hohes wirtschaftliches Risiko eingehen. Stellt sich kein Frost ein, ist die Ernte kaputt.

Welche Weine harmonieren mit vegetarischen Gerichten?

M. F. aus Z. fragt, wie es sich mit Wein und vegetarischen Gerichten verhalte. Gibt es entsprechende Empfehlungen? Kann man zu einem delikaten Seidentofu überhaupt Wein trinken? Oder würde das Gericht in diesem Fall geschmacklich untergehen?

Die Vegetarismuswelle hat die Schweiz längst erfasst. Restaurants, die Kraut und Rüben anbieten, kennen jedenfalls einen regen Zulauf. Es steht ja eine bewusste Haltung dahinter, wenn jemand auf Fleisch verzichtet. Ich würde diese Haltung beim Wein weiterziehen und vor allem jene Tropfen auswählen, die biologisch oder gar biologisch-dynamisch produziert werden. Man kann noch einen Schritt weiter gehen und sich koschere Weine dazu vorstellen.

Es ist nicht ganz einfach, die richtigen Weine zu Rhabarber und Radieschen zu finden. Meistens dominieren in vegetarischen Gerichten verschiedene Gemüsearten. Generell würde ich trockene Weissweine empfehlen. Die Kombination von Gemüse und Zucker sei problematisch, sagen Köche. Von zu säurereichen und alkoholbeladenen Weinen rate ich ebenfalls ab. Dagegen mag in vielen Fällen ein gerbstoffarmer Roter passen, etwa ein gut gemachter Beaujolais. Bei den Weissen bieten sich ein Grüner Veltliner aus Österreich, ein Sauvignon blanc oder Chenin blanc von der Loire oder ein mittelschwerer Chardonnay aus dem Burgund an. In vielen Anbaugebieten nimmt die Zahl jener Betriebe, die auf die biologische Methode setzen, kontinuierlich zu. Ich nenne nur drei, vier bewährte Namen: die Domaine Huët von der Loire, die Domaine Leflaive aus dem Burgund, Zind-Humbrecht aus dem Elsass oder das Weingut

Geyerhof in Österreich. Sie alle produzieren Weissweine aus verschiedenen Sorten und in unterschiedlicher Stilistik. Bei solchen Produzenten lassen sich gute Weine für vegetarische Gerichte finden.

Noch ein Wort zum Seidentofu: Er gehört zu den hochwertigsten Tofuarten und verfügt über einen hohen Feuchtigkeitsgehalt. Seidentofu ist weich, sanft und wird anscheinend vor allem für Desserts verwendet, aber auch zu Saucen weiterverarbeitet. Da ist es schwierig, einen konkreten Weintipp zu geben. Es sollte jedenfalls ein eleganter, filigraner, alkoholarmer Tropfen sein, kein Kraftprotz, der das Gericht erdrückt.

WEITERFÜHRENDE LITERATUR

Christina Fischer, Wein & Speisen: Leidenschaft mit System, Edition Fackelträger, 2012

Hugh Johnson, Der grosse Johnson: Die Enzyklopädie der Weine, Weinbaugebiete und Weinerzeuger, Gräfe & Unzer (Hallwag), 2009

Richard Juhlin, Champagner Guide, List Medien AG, 2011

Jens Priewe, Grundkurs Wein: Alles, was man über Wein wissen sollte, Zabert Sandmann, 2011

Jancis Robinson, Das Oxford Weinlexikon, Gräfe & Unzer (Hallwag), 2007

Vinea Sierre (Hrsg.), Schweizer Weinführer 2012/2013, Ringier-Verlag, 2012

August F. Winkler, Edelsüsse Weine, Neuer Umschau Buchverlag, 2012

REBSORTENVERZEICHNIS

AUTOR UND ILLUSTRATOR

Peter Keller, geboren 1958, ist Wein- und Wirtschaftsredaktor der NZZ *am Sonntag*. Er betreut das Portal www.nzz.ch/weinkeller und schreibt am Blog «Vinotalk» mit. Er führt Weinseminare für die Leser der NZZaS durch, besitzt das Diplom des «Wine and Spirit Education Trust» und ist Weinakademiker.

Philipp Luder, geboren 1960, ist Lehrer für Bildnerisches Gestalten an der Kantonsschule Bülach. Nach dem Studium an der Schule für Gestaltung Luzern Lehrtätigkeit, diverse Ausstellungen in Zürich und Wil (SG), Kunst am Bau und Buchillustrationen.